용이 된 연어

김병국 수필집

청옥

글을 쓰면서

1. 왜 사는가의 질문은 내 젊은 시절의 화두였다.

청년시절의 화두는 '왜 사는가?', '삶의 의미는 무엇인가?' '생사는 무엇인가?' 등 삶과 죽음에 관한 것이었다. 왜 이런 생각을 하게 된 것일까? 그럴 만한 이유가 있었다. 이것은 방황과 우울의 근원이 되었지만, 글쓰기, 명상, 등산을 하게 된 계기도 되었다.

고등학교 때 문과공부를 하였는데, 대학은 이과 계통인 국립부산수산대학 기관학과에 입학했다. 바다를 좋아했기 때문이고, 배를 타기 위해서였다. 75년 첫 승선 시, 배 생활은 생각보다 쉬운 게 아니었고, 돈을 버는 게 쉽지 않다는 것을 느꼈다. 배 생활의 낭만보다 세상의 삶이 어렵다는 것을 먼저 알게 해주었다.

1년을 타고 정기휴가를 받고, 다시 승선하기 위하여 신체검사를 받았다. 불합격 판정을 받았다. 결핵이라고 한다. 배를 타지 못한다는 것은 바다로 나갈 수 없다는 것이고, 꿈을 잃는다는 것이고, 좌절과 절망이었다. 그 당시 포기라는 단어를 꿈에서 조차 생각하지 않았기 때문에, 결핵을 치료하고 다시 배를 타면 된다는 단순한 생각이었다. 그냥 기다리면 되는 줄 알았다. 젊은 나이에 기다림은 쉬운 게 아니었다. 결핵을 치료하면서 2년 동안 몸과 마음은 서서히 지쳐 갔다.

그때, 왜 배를 타는가, 왜 돈을 버는가, 왜 사는가 등 삶에 대한 질문이 끊임없이 일어났다. 원인은 모르겠다. 종국의 질문은 '왜 사는가?'였다. 내가 내린 결론은 평안하게 사는 것이라고 생각했다.

내가 편안하기 위해서는 무엇이 필요한가 생각해 보았다. 부와 명예가 필요하다. 부와 명예를 성취한다는 것은 쉽지 않고, 성취한다고 해도 결국 인간은 죽는다. 죽으면 지금까지 축적해온 돈과 명예 등 모든 것을 두고 가야 한다. 그러면 시지프스의 돌 굴리는 반복적인 행위와 무엇이 다른가? 삶에 의미와 가치가 없는 것 같았다. 의미와 가치가 있다고 하더라도 결국 죽으면 끝이 아닌가 하는 생각이 떠나지 않았다.

고통 속에 살다가 죽음이라는 큰 고통을 맞이해야 한다면, 우리는 고통 받기 위하여 태어났단 말인가? 아닐 것이다. 내가 태어난 의미가 있을 것이라고 생각했다. 그런데 그 의미를 찾다가도 죽음과 부딪히면 모든 것이 허물어졌다. 이런 망념이 꼬리를 물고 끝없이 이어졌고, 끝도 없는 답을 찾기 위해서 많은 방황을 했었다.

사는 게 의미가 없다는 생각이 일어날 때마다, 고통스럽게 사느니 차라리 죽는 게 낫지 않을까하는 생각이 들었다. 죽으려고 칼을 들어 본 적도 있었고, 자살하기 위하여 혈청소(현 암남공원)의 자살바위에 간 적도 있었다. 송도에서 자살바위까지는 약 30여분을 걸어가야 했다. 무슨 생각을 했는지 기억은 나지 않는다. 그곳에서 자살할 정도로 심각한 것은 아니었던 것 같다. 그러나 인생의 허무에 빠져 허우적거린 것만은 사실이었다.

버스를 타고 나오면서 다시 되풀이되는 생각에 잠겼다. 인간은 죽음을 피할 수 없다. 죽음이 고통이라면 고통을 받기 위해서 태어나는 것이 되는데. 그건 분명히 아닐 것이다. 태어남과 삶에 뭔가 있을 거라고 생각했다. 그러나 죽음과 부딪히면 모든 의미가 사라졌다. 그것이 지나쳐 허무에 빠졌다. 왜 사는가의 화두는 대인기피증, 심신쇠약증에 걸렸고, 쓸데없는 생각으로 나는 피폐해 갔다. 몸은 아무것도 하지 못할 정도로 야위어 갔고, 꼼짝하기 싫었다. 결핵을 핑계로 세월만 보내고 있었다. 절망은 방 안의 이불 속으러 나를 계속 밀어 넣었다.

시간이 지나면서 조금 안정되어 간 것 같다. 세월이 약이라는 말이 맞는 말인지, 스스로 일상으로 돌아가려는 인간의 향상성 때문인지, 원인은 정확히 모르지만 어느 정도 평상심으로 돌아가는 것 같았다. 배는 탈 수 없더라도 뭔가 해야 했기에, 육상에 근무하기 위해 입사시험을 쳤다. 78년 10월에 S전자에 입사하게 되어 부산을 떠나게 되었다.

2. S전자에 입사하다.

근무지는 수원이었다. 그 당시 종업원이 일만여 명이었으니 대단히 큰 공장이었다. 첫 발령은 공무부 시설과였다. 그때만 해도 바다에 대한 꿈을 버리지 않았다. 직장 상사와 첫 면담 시, 저는 좀 근무하다가 바다로 갈 것이라고 했다. 지금 생각하면 부끄럽고 웃음이 나온다.

전자회사에 근무하면서 일은 건설 계통의 일을 맡았다. 급진적으로 성장하는 회사였기 때문에, 공장 건설과 시설의 증설이 많았다. 그 당시, 직장인들은 모두 일에 빠진 사람 같았다. 처음에는 이상했지만, 나 역시 몇 개월 만에 업무를 맡고 그렇게 되고 말았다. 아마 한국이 선진국 대열에 들어가게 된 것도 그 당시의 땀 흘린 노동의 대가 아닌가 싶다.

그러면서 '왜 사는가?'의 질문으로 일어나는 허무감 같은 것은 모두 사라졌다. 그저 일뿐이었다. 4년 정도 근무하니, 수원은 고향이 아니라는 생각이 들고, 정이 붙지 않는 것 같았다. 부산에 가야겠다고 결심을 하였다.

부산의 판매부에 발령을 받았다. 영업의 업무 사이클은 한 달이었다. 한 달 마감하면, 1일부터 똑 같은 일을 다시 시작하는 것이었다. 한 달 간의 끊임없는 반복으로 회의감이 일어났고, 봉급쟁이로 근무하는 한 내가 하고 싶은 것을 할 수 있는 시간과 마음의 여유가 없었다는 것도 알았다.

그러자, '왜 사는가?' 의문이 다시 고개를 들고 일어섰다. 사는 게 이런 게 아니다. 단 한 번 밖에 없는 인생 뭔가 뜻있게 살아봐야겠다고 생각하고, 퇴근 후 단전호흡, 명상, 참선을 배웠다. 그러다가 충청도 홍성으로 과장 진급 발령을 받았다. 고민을 했다. 봉급쟁이로 남는가, 아니면 내가 하고 싶은 것을 할 것인가? 과장이 되면 회사에 더 얽매이지 않을 수 없고, 내 시간을 낸다는 것은 거의 불가능하다고 판단했다. 86년 1월에 난 사표를 던졌다.

3. S전자 대리점을 운영하다.

명상, 단전호흡 수련원에 다니면서 그 계통 공부를 했다. 자연히 불교철학에 대해 관심을 갖게 되었다. 종교적인 신앙의 차원이 아니라, 호기심과 현재 불편한 마음을 편하게 해 줄 그 무엇과 '삶의 의미'를 찾기 위해서였다. 아마 그때 내가 나름대로 결정한 삶의 의미에 대한 답은 꿈을 가지고, 그것을 실천해 나가는 것이라 생각했던 것 같다.

86년 10월, S전자대리점을 개업했다. 내가 사업 내용을 가장 잘 알고 비용이 적게 드는 방법을 알고 있었기 때문이었다. 삶의 의미를 찾는 과정 중, 첫 단추인 꿈을 가진다는 것은 쉽지 않았다. 일단 꿈은 아니더라도 내가 하고 싶은 것을 찾았다. 사진 서클에 가입하고, 경상전문대학 사진영상과에 입학하고, 공부도 하면서 사진을 찍기 시작했다.

그 당시에는 전국 폐사지의 불상과 탑을 주로 찍었다. 전국을 돌아다니며 일요일과 휴가를 이용하여 사진을 찍었다. 사진을 찍기 위하여 인도, 스리랑카, 중국, 대만 등을 여행하기도 했다. 10여 년 이상을 사진에 몰두 하였다. 무언가에 몰두할 때는 망상이 일어나지 않았다. 어떤 질문도 하지 않는 이때가 어쩌면 행복한 때였는지 모르겠다.

S전자 본사에서 직접 대형 점포를 곳곳에 내기 시작했다. 소규모인 우리는 S전자를 상대로 경쟁을 할 수 없었다. 그만 둘 때가 온 것이라 생각하고, 2002년, 대리점을 접었다. 대리점 운영은 시간 여유보다 신경을 많이 쓰는 사업이라 망상을 할 여유가 없었고, 사진에 몰두하다 보니 '삶의 의미'에 대해서는 깊이 빠지지 않았다. 그렇다고 완전히 사라진 것은 아니었다. 1년에 한 두 번은 허무감과 싸워야 했다. '삶의 의미'를 찾는 것이 잘못된 것이 아니라, 아차 하는 순간 허무감, 공허감에 빠질 수 있기 때문이다.

불교철학, 사상가들의 명언은 허무감의 제거에는 도움이 되지 않았다. 더 심하게 온 것은 친구가 암으로 죽은 후에, 건강검진센터에서 종합 검사를 했는데. 위에 뭔가 있다고 다시 사진을 찍어야 한다는 연락이 왔다. 모래 병원으로 오라는 것이다. 그 말은 무슨 말인가? 이상이 있으니 재확인하기 위하여 찍는다는 것이 아닌가? 난 항상 위가 좋지 않아 만성위염 증세에 시달려 왔었고, 여동생도 위암에 걸렸다는 생각이 일어나자, 올 것이 왔구나 하고 생각했다.

그날 밤, 잠을 이루지 못했다. 계속 명상을 하였지만 걱정은 머릿속에서 떠나지 않았다. 막연한 걱정만 떠오른 것 같다. 뚜렷하게 죽음에 대한 걱정과 앞으로 가족이 살아가야 할 걱정 등은 떠오르지 않았다. 할 일을 다 하지 못하고 죽는구나 하는 생각이 떠나지 않았던 것 같다. 그다음 날, 아내가 병원에 가니, 위장에 문제가 있는 게 아니라, 사진이 잘못되어서 다시 찍어야 한다는 것이었다. 정말 어처구니없는 사건인데, 난 죽었다가 다시 살아난 기분이었다.

그 뒤로 '위암염려증'에 걸린 사람처럼, 며칠 위가 안 좋으면 혹시 위암 아닌가 하는 생각이 자꾸 떠올랐다. 그럴 때는 더 소화도 안 되고 우울했다. 남들은 먹는 재미가 삶 중에서 최고라고 할 정도였는데. 난 먹는 재미는 없었다. 과식하면 체하고, 한번 체하면 며칠 갔었다. 늘 소화불량 상태라고 해도 과언이 아니었다.

동네 청년회원들을 보면서, 그들은 나보다 조건이 나은 게 하나도 없는데. 나보다 편하게 사는 것 같았다. 나는 왜 어렵게 사는가? 남들은 내가 어렵게 산다는 게 이해가 안 간다고 했다. 세상에서 제일 자유로운 사람, 제일 편한 사람이라고 하였다. 하고 싶은 것은 다 하고, 가족 관계 화목하고 부족한 것 하나도 없는 사람이라고 했다. 하지만 '삶의 의미'를 찾고 허무감에 빠진 나는 겉보기보다 편하지 못했다. 그것은 내면의 고통을 감추기 위한 방편이었는지 모르겠다.

다른 사람들은 내가 허무감에 빠진 것을 눈치 채지 못한 것 같다. 그 만큼 나의 생활과 내면의 흐름은 다른 이중생활을 했는지 모른다. 아니면 그들이 알고도 모른 척 했는지 모르겠다.

4. 목욕탕을 운영하다.

대리점을 그만 두고, 1년 정도 여행도 가고, 휴식을 취하면서 천천히 다음의 직업을 알아보려고 하였다. 뜻대로 되지 않는 게 인생이 아닌가. 그만 두자마자, 목욕탕을 인수하였다. 목욕업은 현금 장사고, 사업 자체가 머리를 써야할 만큼 바쁜 것도 아니고, 망하지는 않을 것이라는 생각에서였다. 또한 시간의 여유도 있을 것 같았고, 내가 하고 싶은 것을 할 것 같았다.

첫 일 년은 목욕탕 건물의 보수와 청소를 한다고 바빴다. 그 일을 마치자 할 일이 없어졌다. 그러자 '왜 사는가?' 라는 질문이 다시 일어났다. 물론 이 때만 일어난 것은 아니었다. 시시때때로 일어났지만, 다른 것을 한다고 망상에 깊이 빠지지 않았다. 그러나 할 일이 없는 상황에서는 '왜 사는가?'의 질문에 빠지기 시작했다.

'왜 사는가?'의 질문은 답이 없는 질문이다. 그런데 나는 답을 찾으려고 했다. 답을 찾지 못하니 끊임없는 반복 질문에 머리가 터질 것 같았다. 어떤 것이든 '왜 하는가?'의 질문을 몇 번하고 나면 말문이 막히고, 답이 나오지 않는다는 것을 나도 안다. 그런데도 질문을 하고 답을 찾으려고 하니 자연히 허무감에 빠질 수밖에 없었다. 뻔히 알면서 그러는 내가 한심하기도 했다.

일 년에 몇 번은 허무감과 싸워야 했다. 2003년 말, 심한 허무감에 빠져 방구석으로만 들어갔다. 거의 두 달을 어둠과 지냈다. 감당키 어려운 찝찝한 기분이 들 때면 죽는 게 낫다는 생각이 일어났을 정도였다. 실천에 옮기지는 안 했지만, 그 마음을 부정할 수는 없다. 뒤에 안 일이지만, 내가 걸린 병이 지독한 우울증이었다. 그래서 우울증으로 자살하는 사람을 이해할 것 같았다. 그때는 병원에 간다는 생각은 하지 못했다. 그것이 병이었는지조차 몰랐기 때문이었다.

그 때 내가 취한 행동은 틈틈이 배운 명상이었다. 어느 날 걷기 명상을 하는데 가슴을 짓누르는 무거움이 사라지고 갑자기 평안함이 꽉 차는 것 같았다. 그래서 김해에 있는 반냐라마라는 명상센터를 찾았다. 난 그곳에서 본격적으로 명상을 하기 시작했다. 1년 정도 지났을까, 마음의 무거움이 남아 있지만, 덜 무겁게 느꼈다.

무엇 때문에 사라졌는지는 모르겠다. 그 당시에 내가 행하고 있었던 것은 등산, 글쓰기, 명상이었다. 내 나름대로 벗어나려고 칼날 같은 노력을 했다. 아마 등산, 글쓰기, 명상 등의 복합적인 요소의 효과를 봤는지 모르겠다.

글을 쓰게 된 동기는 여러 가지였다. 목욕업은 글을 쓸 수 있는 시간의 여유를 주었고, 고등학교 때부터 쓰기 시작한 일기를 그때까지 쓰고 있었으니 습작의 단계를 거친 것과 같은 효과가 있었다. 무엇보다 98년에, 또한 어떤 단체의 회보에 부산모임의 소식을 회보에 게재하는 역할을 맡았다. 그래서 평생교육원에서 수

필과 시를 배웠다. 그 때는 작가 된다든지 하는 생각은 없었다. 단순히 회보에 좀 더 나은 글을 쓰기 위해서였다. 그러다가 본격적인 글을 써 봐야겠다는 생각을 하게 된 것은 목욕업을 하면서 여유가 생겼기 때문이었다. 2005년에 수필로, 2011년에 시로 등단했다. 등단을 계기로 내가 평소 고민하는 것들을 써 나갔다.

내가 궁금한 것은 '삶의 의미는 무엇인가?', '죽음이란 무엇인가?' 등 이었다. 그러다 보니 자연히 책도 그와 관련된 서적을 주로 읽었다. 글을 쓰고, 등산을 하고, 명상을 하면서 허무감에서 어느 정도 벗어난 것 같았다.

5. 행복관에 따라 사유와 행동이 변하고, 삶의 질이 달라진다.

역사를 보면, 더 가진 자와 덜 가진 자는 시대 상황과 조건이 다를 뿐이지 존재했다. 현재도 마찬가지다. 옛날은 지금보다 더 아픔이 크고 자유가 없다고 할 지 모르지만, 그것은 오늘의 시점에서의 생각이다. 그 당시에는 오늘날 보다 가진 것이 적었기 때문에, 욕심도 적었을 것이고, 덜 구속당하고 살았는지 모른다.

더 가진 자이든 덜 가진 자이든 궁극의 목적은 자유와 행복이다. 우리는 더 가진 자보다 덜 가진 자가 불행한 것처럼 보이지만, 그렇지 만은 않다. 어떤 기준점에서 보느냐에 따라 다르다. 예수님은 '부자가 천국에 가는 것은 낙타가 바늘구멍을 통과하는 것보다 어렵다.'고 하였다. 불가佛家에서는 고통의 원인을 탐욕이라고 했다. 그렇듯이 소유와 행복은 별개의 문제라고 생각한다.

자본주의 세상에서는 돈이 없으면 살 수가 없을 정도로 밀접한 관계가 있다. 생명까지 산다고 하지 않는가. 그러나 돈이 있는 만큼 행복한 것은 아니다. 이런 기본적인 사실을 모르는 사람은 없다. 그런데도 우리는 욕심의 끈을 놓지 못한다. 욕심을 낼 때, 정말로 중요한 것은 무엇인지 깊이 생각하지 않는다. 그저 욕구 충족에 초점을 맞춘다. 그만큼 우리는 본능적으로 욕구를 버릴 수가 없다.

우리의 행복관은 각자 다르다. 그것에 따라 사유와 행동이 변하고, 삶의 질이 달라진다. 행복은 두 가지 조건이 갖추어져야 한다고 생각한다. 하나는 평등해야 하고, 다른 하나는 노력해야 한다. 누구나 노력하면 행복을 느낄 수 있어야 진정한 행복이다. 행복관도 두 가지로 나누어 본다. 행복의 추구와 고통의 벗어남이다. 같은 의미이면서 뉘앙스는 약간 다르다.

만약에 삶을 행복의 추구에 맞추면 행복의 조건에 맞는 것을 얻으려고 할 것이다. 성취되면 만족을 얻지만, 오히려 추구하는 습관 때문에 욕망지수가 더 올라가 고, 행복지수는 떨어질 수 있다. 만약에 삶을 고통의 벗어남에 맞추면, 고통에서 벗어나기 위하여 고통의 원인이 되는 것을 버리려고 할 것이다. 버리면 버린 만큼 자유로워진다. 만족지수는 같더라도 욕망지수는 떨어지므로 행복지수가 올라갈 수 있다.

수많은 즐거움이 있더라도 아주 작은 고통이 생기면 즐거움은 사라지고 고통스러워한다. 즉 즐거움이 부족해서 행복하지 못한 게 아니라, 고통이 있어서 행복하지 못하다. 그 만큼 고통의 상처는 크다. 우리의 고통은 즐거움을 추구하고 고통을 피하려는데 있다. 추구하는 것과 피하는 것은 모두 탐욕에서 일어난 결과이다. 뭔가를 추구하는 이상 행복하기는 어렵다. 욕구는 본능이라 없앨 수 없다. 덜 욕심을 낸다면 삶의 덜 괴로울 것이다.

그 방법이 현상을 있는 그대로 받아들이면 된다. 태어남은 고통을 위해서도 아니고, 행복하기 위해서도 아니다. 자연의 현상이다. 그냥 흐름에 따르는 것, 그게 행복이 아닐까. 고통을 고통으로 인정하고 받아들일 때 덜 고통스럽지 않을까. 성인이 말하기를 덜 고통스럽다면 살아볼 만한 세상이라고 했다. 행복을 추구하는 것이 아니라 고통을 완화시킨 만큼 행복하다고 생각한다면 삶의 방향이 다르지 않을까 생각한다.

6. 마치면서

세상을 어떻게 보느냐에 따라 사유와 행동이 변하고 삶의 질이 달라진다. 세상에 의미와 가치가 있다고 생각하면, 그것을 찾으려고 뛰어다닐 것이다. 찾고 나면 그것은 그 상황에서의 의미이지, 인생 전체를 놓고 보면 아무런 의미가 없다는 것을 알게 된다. 그런 생각을 하면 허무감에 빠지고, 삶이 고통스러워진다.

삶의 의미와 가치가 없다면, 아무것도 아닌 것을 위해서 산다는 말이 된다. 그렇다면 인생이 너무 비참하지 않는가? 그래서 나는 내가 알지 못하는 답이 있다고 생각하고 찾으려고 사방으로 뛰어다녔다. 내가 고민한 것도 이것 때문이 아닌가?

빅토르 프랭크는 그의 저서 『삶의 의미를 찾아서』에서 "중요한 것은 인생의 보편적인 의미가 아니라 어떤 순간에 그 사람의 인생이 갖는 특수한 의미다."라 말했고, 붓다빨라 스님은 "존재는 존재할 뿐이다. 존재에 답이 없다. 그러나 삶을 부분을 잘라서 보면 답이 있다."고 말했다. 그렇다. 바둑에는 정석은 있지만, 전체를 아우르는 정석은 없다.

나의 답은 내 삶 속에 있다. 당신의 답은 당신의 삶 속에 있다. 난 나의 답을 찾기 위하여 지금까지 방황하였다. 아마 앞으로도 방황할지 모르겠다. 이것을 거울삼아 당신은 당신의 인생을 찾아야 할 것이다.

내 나름대로 답을 얻었다 할지라도 이 답은 필자의 답이다. 독자의 답은 아니다. 독자는 독자의 답을 구해야 한다. 삶의 중심은 나다. 나를 알지 못하면 삶의 구속에서 벗어나기 어렵다. 최소한 찾으려고 노력은 해야 할 것이다.

끝없이 화두를 들었지만, 지금까지 답을 얻지 못하고 있다. 그 고민들을 일기장에 수없이 썼다. 그 고민의 과정을 좀 더 문학적으로 체계화한 글이 나의 수필이라고 생각한다.

위의 모든 것은 이론이 아니라 체험으로 느껴야 한다. 예를 들면, 갈증이 난 사람은 갈증의 원인이 무엇인가? 갈증이란 무엇인가? 등 질문을 수없이 하고, 또한 물에 대한 해박한 지식을 가지고 있더라도 갈증을 해소시킬 수 없다. 해소하는 방법은 간단하다. 바가지에 물을 떠서 먹으면 된다. 떠먹기 위해서는 훈련을 쌓아야 한다. 세상에 공짜는 없다. 더군다나 삶의 궁극적인 목적인 자유와 행복, 참 나를 찾는 것인데.

마지막으로 난 장기간 방황하였기 때문에 나의 가족인 아내와 두 아들에게 관심을 가지지 못했다. 그런데도 탈 없이 자라준 아들이 고맙고, 가정을 잘 이끌어준 아내에게도 고맙다는 말을 하고 싶다. 지도해 주신 선생님, 함께 공부한 문우들, 함께 살아온 친구들에게도 감사의 말씀을 드린다. 그리고 항상 따뜻한 관심과 물질적으로 정신적으로 의지처가 되어주신 부모님에게 감사를 드린다. 제일 중요한 생명을 주신 부모님에게 거듭 감사를 드린다.

2016년 10월 부산 동래에서

김병국

목 차

2부 주인을 찾습니다

3부 노 프라블럼

4부 왜 산에 갈까

|서평|

1부

◆

용이 된 연어

지난겨울

어둠이다. 온몸을 방한복으로 완전무장을 하고, 눈까지 안경으로 덮었다. 빛나는 하얀 눈이 산을 덮었지만, 그것만으로 길을 밝히기엔 역부족이다. 헤드랜턴을 켠다. 어둠을 밝히기엔 역부족이다. 태백산 정상에서 일출을 보기 위하여 부지런히 어둠 속을 걷는다. 어둠을 지나야 해가 뜬다.

정상이다. 산의 추위는 도시보다 매섭다. 모든 것을 덮어 걸리는 것이 없기 때문인가. 콧구멍에 고드름이 달리고, 눈썹은 눈이 얼어붙어 하얗다. 손발도 얼었다. 제자리에서 발을 동동거리며 푼다. 하지만 손은 아무리 비벼도 풀리지 않는다. 친구가 준 핫팩으로 녹여보지만 언 손은 좀처럼 녹지 않는다. 일출 직전의 붉은 기운이 산 너머에 비단결처럼 펴지지만, 손가락 끝이 잘려나가는 것 같아 더 이상 머물 수가 없다. 사진 찍을 엄두가 나지 않는다. 미리 강추위 준비를 했건만 손가락 끝은 이미 내 것이 아니다. 결국 하산하였다.

모든 것이 멈춘 듯 언 땅. 살가운 것은 하나도 없다. 살아있는 것은 칼바람과 눈뿐이다. 내일을 기약할 수 있는 것은 그 무엇도 보이지 않는다. 그런 혹독한 겨울 산 속에서 겨울나무는 어둠과 외로움까지 품고, 마치 죽은 것처럼 멈추었다. 그런데 나무 밑기둥 주위에 눈이 없다. 한 뼘도 안 되는 원의 한 가운데에서 생명의 빛이 오르기 때문이다. 언 땅에서 겨울을 버티게 하는 생명의 원동력은 무엇인가. 봄을 기다리는 희망일까. 지난겨울에 겪은 혹독한 체험에서 일어나는 확신일까.

아무리 혹독한 추운 겨울이라도 지나가고 봄은 온다. 봄이 되면 어김없이 새 생명을 피운다. 이것은 믿음이 아니라 사실이고, 확신이다. 살 수 있다는 희망은 병마를 이긴다는 말이 있듯이, 봄을 향한 가득한 기다림은 추위가 들어올 틈이 없다. 겨울은 봄을 향하여 그렇게 정확하게 지나간다. 그런데 희망을 가지지 못하고 좌절하는 사람이 있다. 봄이 온다는 사실을 모르는 게 아닌데. 왜 버티지 못할까. 봄의 희망은 내일이고 겨울의 아픔은 오늘이기 때문이다. 아픔에 부딪칠 용기가 없고, 있더라도 희망만으로 수많은 긴 겨울을 버틸 힘이 부족하다.

겨울나무는 겨울을 벗어나려 해도 벗어날 수 없다. 그곳에서 맞이해야 한다. 버티지 못하면 죽음뿐이다. 우리에게 필요한 것은 따뜻함이 아니라, 겨울을 이기는 힘이다. 봄이 필요 없음이 아니라, 봄을 향해 나아가지만 봄은 그 다음 문제다. 미래의 희망 때문에 현재의 아픔을 잊으면 곤란하다. 아픔을 아픔으로 받아드려야 아픔에서 벗어나려고 노력하고, 덜 아프다. 그래야 겨울을 버티는 내성이 생긴다. 이것은 체험에서 나온 확신이다. 확신이 있기에 추운 겨울 속에서도 당당할 수 있다. 겨울을 이기는 버팀목은 겨울이 아닐까.

나에게도 혹독한 겨울이 있었다. 20대 후반 배를 타기 위해 해양병원에서 신체검사를 받았다. 생각하지 않았던 판결이 나왔다. 결핵이었다. 갈매기가 날개를 접고 하강 하듯이 바다를 향한 나의 열정은 추락하고 말았다. 접기엔 그리움이 너무 강했다. 뱃사람들은 바다와 결혼한다고 할 정도로 바다에 대한 사랑이 하늘만큼 넓고 깊다. 뒤 갑판에서 침묵의 바다와 마시는 술, 갈매기의 울음소리, 미지의 항구에서 만나는 여인들, 생각하면 할수록……그리움은 짙어가고 그 만큼 침잠해져갔다. 무엇보다 갈매기의 꿈을 접어야 했던 게 마음이 아팠다.

열정은 그리움을 잉태하고 그리움은 우울을 낳았다. 그것은 어느새 '삶의 의미'로 변해 갔다. '왜 사는가?' 질문은 끊임없이 이어졌다. 질문에 날이 새는 줄 몰랐을 정도이다. 질문의 끝은 죽음이었다. 그것은 답이 아니었고, 삶의 무의미를 깨닫는 순간이었다. 되돌아갈 수도 전진할 수도 없는 길의 끝인 백척간두에 서니 지금껏 쌓아온 모든 것들이 무용지물이었다. 결국 인간은 고통 속에 살다가 죽음의 고통을 맞이해야 하는가.

송도 바닷가에 있는 혈청소로 갔었다. 그곳에 자살바위가 있기 때문이었다. 그렇다고 뛰어내리기 위해서 간 것은 아니었다. 내가 할 수 있는 일은 죽음의 언저리를 맴도는 것뿐이었다. 칼을 소지하고 다녔다. 죽기 위해서가 아니라 오히려 마지막을 잡음으로써 위안으로 삼았는지 모른다. 바다의 그리움은 던졌지만 흔적은 다가 갈 수 없는 수묵화로 나에게 남아 있었다. 이젠 칼을 버렸다. 대신 '왜 사는가?', 화두를 품고 산다. 긴 세월 수없는 겨울을 만났지만 그래도 살아있는 것만으로 지난겨울이 고맙다.

자기 겨울을 힘들게 겪어야 다른 사람도 겨울을 힘들게 견디고 있다는 것을 알고 연민과 배려의 마음이 생긴다. 희망에만 몰두하면 자기 밖에 모를 수가 있다. 진정 아픔을 알아야 눈바람 속에서 매화처럼 꽃을 피울 수 있다. 겨울을 한 번도 겪어 본 적이 없는 사람이 혹독한 겨울을 이겨낼 수 있을까. 매서운 추위는 오히려 겨울나무가 힘을 축적하는데 도움이 된다. 봄을 위해서가 아니라 살기 위하여 수액을 온 몸에 열심히 보낸다. 나무는 그것을 알까. 알든 모르든 겨울에 자신의 일을 다 했기에, 봄이 오면 축적된 힘으로 세상에서 가장 아름다운 연한 녹색의 생명을 피운다. 겨울이 있기에 생명이 아름답다.

자연과 인생의 계절은 비슷하다. 그런데 인생의 계절은 자연과 달라 시간과 공간을 초월한다. 겨울은 지나갔지만, 언제 어떻게 다시 올지 모른다. 봄은 왔지만, 언제 어떻게 다시 갈지 모른다. 우리는 봄이 있기 때문이 아니라, 겨울이 있기 때문에 겨울을 이겨내야 한다. 겨울이 지나야 봄이 오는 게 아니라 겨울을 버티면 바로 봄이다. 우리는 봄이 오면 겨울을 곧 잊어버린다. 하지만 겨울나무는 잊지 않는다. 그것을 깊이 간직하고 준비한다. 이파리를 모두 떨구고 빈 몸으로 맞는다. 겨울나무가 얼어 죽었다는 말을 들어 본 적이 있는가. 그래서 두려워하지 않는다.

젊은 시절 그리움의 좌절은 나에겐 겨울이었다. 공허감이 밀려오면 지난겨울을 회상한다. 내 겨울은 아직 끝나지 않았다. 끝나지 않았다는 것을 알기에 지난겨울이 고맙다. 답을 찾지 못했기에 희망이 있지 않을까.

용이 된 연어

폭포를 거슬러 올라가는 상처투성이의 연어에게서, 차마고도의 설산을 오체투지로 오르는 순례자의 모습을 본다.

태평양에서 평화로운 시대를 스스로 마감하고 고향으로 향한다. 아무도 기다리지 않는다. 연어는 태어날 때부터 고아다. 태생에 대해서 누구에게서도 전해들은 바가 전혀 없다. 그는 여정도 고향이 어딘지 어떤 곳인지 도저히 그림을 그릴 수 없다. 그런데도 고향의 냄새를 가슴에 안고 22,000km를 헤엄쳐 간다. 안락한 삶과 평화로운 삶을 보내기 위해서도 아니고, 고향에 죽으려 가는 것도 아니다. 어머니가 되기 위해서다.

고향 길은 지옥 가는 길보다 험난하다. 길목을 지키는 바다사자와 물개들의 공격과 물살이 센 해협들이 있지만 그건 별개 아니다. 자신을 어른으로 키워준 바다를 멀리하고, 바다와 비교할 수 없을 정도로 험난한 강을 오른다. 첫 관문은 격류의 강물을 거슬러 올라야 하고, 무엇보다 단식해야하는 거다. 배설물로 인해 강물이 오염되어 새끼에게 악영향을 미칠까봐서다. 이것은 거친 격류와 거센 폭포를 맞이해야 하는 각오를 의미하고, 어딘가에 새로움을 잉태할 수 있는 고요하고 아늑한 웅덩이에 이를 수 있다는 희망을 의미한다. 연어가 입을 껌벅껌벅 거리는 것은 순례자의 기도 같은 것인지 모른다.

싱싱하고 활기찬 몸은 어느새 고문당한 몸처럼 너덜너덜해지고 피투성이다. 영양부족으로 몸에 곰팡이가 피고, 비늘은 벗겨지고, 지느러미는 째지고, 눈은 피멍으로 얼룩져 있다. 물살은 갈수록 세어지고 힘은 바닥이 보일 정도다.

낚싯바늘을 꼽은 연어, 발부등치면 칠수록 고통은 더 커지지만 계속 오른다. 낡고 떨어져 언제 부서질지 모르는 수레와 같다. 그런 와중에도 길을 잘못 든 연어가 있다. 돌아가면 되지만 그들의 사전에는 돌아가는 법은 없다. 늪에 빠진 말처럼 허우적거리다가 생을 마감하는 경우도 있다. 그런데도 오직 앞으로만 갈 뿐이다. 일생의 단 한 번뿐인 모성을 품는 기회를 놓치지 않기 위해서다.

상류 쪽으로 갈수록 수면이 낮아진다. 숨이 목까지 차오른다. 헤엄치는 게 아니라 자갈밭 위를 온 몸으로 기어가는 것 같다. 힘겹게 강물을 거슬러 올라가는 모습이 애처롭기보다 생사를 건 순례자의 거룩한 모습을 보듯 고개가 저절로 숙여진다. 연어에게서 티베트 수행자의 오체투지 하는 모습이 겹쳐진다.

6개월째, 2,100km를 오체투지로 얼음길을 가는 차마고도의 순례자들. 그들은 야크를 치는 티베트의 그저 평범한 목동들이다. 그 순례자의 모습이 떠오르는 것은 너무 과한 상상인가. 인생을 낭비하지 않기 위해, 어차피 죽을 목숨, 죽음을 맞이하기 위해, 남을 위해 기도하면서 순례한다고 한다. 차마고도는 순례자가 오체투지로 가야할 절실한 길이다. 그들은 좋은 길, 나쁜 길, 개울, 설산을 구분하지 않는다. 돌아가는 법도, 개울이라고 건너뛰는 법도 없다. 연어와 같이 오직 앞으로만 갈 뿐이다. 어떤 길도 구분하지 않고, 끊임없이 굴러 가는 윤회의 수레바퀴 같이….

식사는 주먹밥 정도 크기의 빵과 차 한 잔이 전부다. 이마에 딱딱한 점은 피멍이다. 팔 · 무릎 · 이마 · 발끝에 수많은 물집이 생겼다가 사라지고 굳은살이 된다. 고행의 증거가 아니라 삶의 표시다. 폐병을 가진 노인 순례자는 순례의 길이 생명의 마지막 길이라는 것을 알면서 택했다. 순례의 길에 죽으면 영광이라고. 어차피 죽을 목숨이 아닌가. 4,500m 고산의 밤의 온도는 영하 20도, 그곳에서 야영을 한다. 순례자들은 기도를 하며 고단한 하루를 끝낸다.

어느 듯 힘이 다 할 쯤 연어는 조용한 평지 같은 안락한 웅덩이에 도착한다. 거센 격류도 멈추고, 햇살이 웅덩이에 조용히 내려앉아 머물고 있다. 양 옆 산자락이 바람을 감싸 안고 장승처럼 서 있다. 자연의 축복 아래에 새로운 삶을 맞는다. 연어가 온 몸을 다 바쳐 온 것은 이상향을 위해서가 아니다. 외아들을 사랑하는 홀어머니 같은 모성을 품었기 때문이다.

우리는 연어의 생사를 모두 알고 있는 것처럼 말한다. 정작 연어는 자신의 삶을 모른다. 그는 거센 해협, 거슬러 올라가야 하는 격류와 폭포, 불곰과 독수리의 공격, 더 무서운 인간의 공격과 부딪치며 나갈 뿐이다. 인간은 연어의 모든 것을 안다지만, 정작 연어와 같이 자신의 삶은 모른다. 그런데 우리는 연어와는 달리 모름을 두려워한다.

연어와 다르지 않다는 것을 안다면 무엇이 두려운가. 두려운 것은 자신의 삶이 연어와 다르다고 생각하기 때문이 아닐까. 우리는 모두 함께 가고 있지 않는가. 서로 사랑하고 있지 않는가. 우리의 조상도 이 길을 갔고, 자식들도 어김없이 이 길을 갈 것이다. 그런데 무엇이 두려운가.

연어의 모성의 깨침은 자신의 생명을 새끼에게 넘겨주는 거다. 또한 마지막 남은 빈 몸마저 그냥 버리지 않는다. 독수리의 먹이가 되고, 숲과 강물의 영양분이 되어 새끼를 튼튼하게 해 준다.

티베트 순례자의 시체는 조장을 통해 독수리에게 보시를 한다. 라사는 순례의 끝이지만 순례의 길은 끝나지 않는다. 순례자에게 라사는 자신의 영혼을 비추는 거울과 같다. 순례는 모든 생명을 위한 기도고, 자신의 길을 찾아가는 거다. 마치 연어와 같이…. 우리의 삶도 욕망을 거슬러 올라야 연어와 같이 고향에 갈 수 있을 거다. 드디어 연어는 자신에게서 모성의 향기를 맡고, 자신이 바로 어머니라는 것을 깨닫는다.

남포동 거리에서, 자동차 타이어를 하반신에 부착한 불구의 장애인이 물건을 팔기 위해 기어가면서 수레를 밀고 가는 장면을 본 적이 있다. 그때 폭포를 거슬러 오르는 연어와 오체투지로 설산을 오르는 순례자의 모습이 떠올랐다.

萬魚

만어사 올라가는 길은 차 한 대가 겨우 지나갈 수 있는 꼬불꼬불한 외로운 길이다. 만어사 입구는 보물찾기 미로와 같고 고대의 무덤으로 들어가는 입구같이 으슥하다. 산중턱에는 하얀 입김이 뿜어져 나온다. 산은 비를 맞고 멈추었던 호흡을 시작한다.

만어사 가까이 다가가자 꿈틀거리는 소리가 요란하다. 이건 분명히 비린 갯냄새다. 마산의 바닷가에서 살았기에 비린 냄새를 좋아하고 예민하게 반응한다. 나에겐 고향의 냄새다. 산 중에서 갯가의 추억을 되새길 수 있다니 아이러니하다. 만어사 주차장에 차를 대었다. 꿈틀거리는 소리가 나는 언덕배기에 앉아 물기 젖은 수많은 바위를 바라보았다.

비를 통해 바위들에게 영혼을 불어넣는 하늘의 마법이 파노라마처럼 펼쳐지고 있었다. 북을 두드리는 바위 · 종을 치는 바위 · 울고 있는 바위 · 춤추는 바위 · 명상에 잠겨 있는 바위 등, 남쪽 산비탈의 수많은 메마른 바위들은 비를 맞자, 마치 못 다한 일을 해야 하는 것처럼 꿈틀거리고 있었다. 생김새는 달라도 애달픈 사연은 한결 같다는데.

萬魚는 만 마리의 물고기가 아니라, 사랑을 위하여 목숨을 걸고 뭍으로 올라온 수많은 물고기의 사랑 이야기다. 전설이 두세 개 있는데. 아는 사람이 거의 없는 전설이 하나 있다. 북쪽 나라의 왕자를 사랑한 용궁의 공주는 그를 따라 뭍으로 올라갔다. 공주를 사랑한 수많은 물고기들도 따라 올라 갔다. 그것은 죽음을 각오한 것인데. 공주와 물고기들은 기다리다가 그리워하다가 망부석이 되었다. 애달픈 사랑을 보다 못한 만어산의 산신령은 비가 오면 다시 살아나 만날 수 있도록 하였다고 한다.

허공에서 붉은 울음소리가 난다. 바위는 벌떡 일어나 하늘을 쳐다보고, 두 손을 모으며 시린 눈물을 흘린다. 그 소리를 타고 내려와 바위를 품는 빗줄기의 애달픔을 누가 알겠는가. 바위틈이 갈라질 정도로 메마름이 없었다면, 긴 기다림이 없었다면 어찌 만남의 꽃이 피겠는가. 저 눈물에는 내가 모르는 사연과 곡절이 있을 것이다. 바위틈에서 허공으로 펴진 울음소리는 울음이 아니라 슬픈 사랑의 노래다.

서로 서로 부둥켜안고 볼을 비비고, 천 년만의 해후인 것처럼 사랑나누기를 한다. 참고 참았던 정염에 온 몸이 짜릿할 것이다. 이 날을 얼마나 오랫동안 기다려 왔던가. 시린 빗물은 그것을 아는지 멈출 줄을 모른다. 그들의 사랑을 축복이라도 해 주듯이 온몸을 감싼다. 만어의 열기로 지치 줄도 모르고 일어나는 하얀 입김이 자욱하다.

별빛이 있으면 꿈틀거림이 멈춘다. 사랑나누기를 하지 못하면 별이 된다고 한다. 가까이도 함께도 하지 못하고 멀리서 쳐다만 봐야 하는 지독한 이별을 한다. 무연한 바위들은 꽃비를 내려달라고 제 몸을 두들겨 북소리를 낸다. 저 북소리는 북소리가 아니다. 그의 마음 깊은 곳에서 저절로 울려나오는 뜨거운 두근거림이다.

마치 나를 향해 올라오는 것 같은 수많은 북소리를 들으니 나도 절실하게 가슴이 아파온다. 나에게는 사랑나누기를 하지 못해 별이 된 임이 있다. 꽃비를 타고 떠났는데도 그리움이 버려지지 않는다. 사랑은 기다림이 아니라 그리움을 버리지 않는 것이라고. 저들도 그리움을 버렸다면 다시 만나지 못했을 것이다. 저 소리의 주인은 나 보다 더 가슴이 터지겠지.

별을 보고 많은 사람들은 그리움을 달랠 것이다. 별이 보이지 않는 도시인은 무엇으로 그리움을 달랠까. 사랑에 굶주린 북어같이 빠짝 마른 우리는 그들과 사랑나누기를 하려고, 바위를 돌로 치면서 귀를 기울인다. 사랑나누기를 한다는 것이 패고 두들긴다. 북소리나 종소리가 들리면 우리는 기뻐하지만, 그건 바위의 아픈 흔적이지 사랑의 노래가 아니다.

잘 생긴 소나무 앞에서 바위는 흠뻑 젖은 채 춤을 춘다. 북소리가 울리고 종소리가 들리고, 물 만난 고기처럼 바위는 춤을 춘다. 바위는 물을 만나도 사랑을 하고, 새들도 구름도 바위와 사랑나누기를 하는데. 어찌 우리는 친구를 만나도 사랑하기 어려운가. 제

몸을 두들겨 온몸에서 내는 사랑의 노래를 따라 들어가면 물기 어린 깊은 사연을 알 수 있을까.

사랑은 바위같이 목숨을 거는 거다. 사랑은 자유로운 먹구름이다. 그리움을 품고 기다리면 비를 타고 내려올지 모른다.

길

저물녘에 걸을 때도, 어둑새벽이 오기 전에 걸을 때도, 보름달이 환할 때에 걸을 때도 홀로 간다고 남들은 그럽디다. 난 홀로 걸은 적이 없습니다. 항상 당신과 함께 있었습니다.

당신은 솜털같이 부드럽게 말하기도 하지만, 모난 돌같이 앙칼지게 성내고 딱딱한 구석도 있었습니다. 그러나 대지를 품은 넓은 마음은 숨길 수 없었습니다. 당신을 둘러싼 노란 제비꽃 · 개망초꽃 · 달개비꽃 등 많은 야생화가 향기를 머금고 당신과 함께 하는 것을 보면 알 수 있습니다.

넘어져 무릎에 피가 났을 때 당신은 나를 일으켜 세워주었습니다. 마치 혼자 힘으로 해결하지 못할 때 부모나 친구의 도움을 청해야 하듯이, 내가 방황하고 있을 때 당신은 늘 내 곁에서 말없이 길을 가리켜 주었습니다. 혼자 힘으로 가야 한다고 차갑게 말할 땐 섭섭하기도 했습니다. 우리의 인생은 남의 도움 없이 홀로 가야 한다는 것을 가르쳐 주기 위해서라는 것을 뒤에 알았습니다.

좁고 험한 내리막길을 내려갈 때는 위험과 고통을 감수해야 했습니다. 길이 끊어지고 절벽에 이르렀을 때는 당신의 야속함에 앞이 캄캄했습니다. 반면 절벽에서 보는 광대한 풍광은 야속함을 잊게 할 정도로 넋을 놓았습니다. 절벽 옆에 있는 우횟길과 넓은 광야에 있는 새로운 길을 보는 순간, 비로소 당신의 깊을 뜻을 알 수 있었습니다.

양산의 천태산에 갔을 땝니다. 오래 전이었지만 서너 번 산행을 한 적이 있었기에 가기 전에 인도어 클라이밍Indoor Climbing도 하지 않고, 등산지도도 준비하지 않고, 비가 오는데도 가벼운 마음으로 갔습니다. 더군다나 늘 가던 길을 가지 않고 새로운 길을 선택했습니다. 당신을 무시해서가 아니라 미지의 당신에 대한 도전 같은 짜릿함 때문이었습니다.

하산 길이었습니다. 어둠이 일찍 깔리면서 갑자기 짙은 안개가 몰려오기 시작했습니다. 당신은 전혀 보이지 않았습니다. 두려웠습니다. 그때서야 당신의 소중함을 알았습니다. 함께 있을 때는 늘 당연히 있는 줄 알았습니다. 이별하고 나서야 그리움이 무엇인지 알았다는 말이 생각났습니다. 그런데 나는 당신과 이별한 게 아닙니다. 당신은 나를 버릴 수 있을지 모르지만 나는 결코 그리움을 버릴 수 없습니다. 그리움을 버리지 않는 한 당신을 만날 수 있다는 믿음은 변치 않습니다. 다시 만날 수 있는데 무엇이 두렵겠습니까. 어쩌면 이것이 당신의 소중함을 깨닫기 위한 시련이 아닌가 합니다.

갯냄새를 맡고, 해조음을 들을 수 있는 해안가의 갈맷길, 직립으로 진열한 삼나무 숲의 고즈넉한 길, 호숫가의 둘레길 등 당신의 아름다움만을 사랑하는 사람도 있을 겁니다. 하지만 저는 숨을 헐떡거려야 하는 가파른 비탈길, 큰 바위들이 위태롭게 깔린 너덜 길, 비온 뒤의 진흙탕 길뿐만 아니라 저는 당신의 모든 것을 사랑합니다.

여름이었던 것 같습니다. 바다와 맞닿은 길을 걸었습니다. 결혼행진곡 같은 해조음에 당신과 발을 맞추듯이 오랜만에 낭만의 바닷길을 걸었습니다. 막다른 길에 도착했고, 길은 바다로 이어져 있었습니다. 어쩔 줄 몰라 당황하고 있었는데, 푸른 해원을 향해 나아가라는 당신의 깊은 뜻을 처음에는 몰랐습니다. 나는 당신과 함께 있다는 것을, 바다에도 당신이 있다는 것을 그제야 헤아릴 것 같았습니다. 게가 기어가고, 돌돔이 꼬리를 흔들며 나아가고, 돌고래가 헤엄칠 수 있는 게 모두 당신이 함께 한 덕분이라는 것을.

사람은 날개가 없어서 하늘 길을 못 간다고 합니다. 구름도 흘러가고 향기도 홀씨도 하늘 길을 갑니다. 그건 사람은 날지 못한다는 고정관념 때문이고, 당신의 넓고 깊은 사랑을 모르는 아둔함 때문이라고 생각합니다. 비가 오면 하늘이 따라 내려와 당신에게 안깁니다. 당신은 가슴에 하늘로 가는 길의 문을 엽니다. 그 길은 마음이 혼란스럽거나 성급한 사람은 걷기 어렵습니다. 아주 천천히 조심스럽게 걷지 않으면 문이 닫힐지도 모릅니다. 걸으면서 구름 위에 누워 보기도 하고, 새들과 인사도 하고, 걷다가 지치면

산봉우리에 걸터앉아 먼 산을 보기도 합니다.

당신은 사랑이고 생명입니다. 땅 속에 두더지가 살 수 있는 것도, 하늘에 새가 날 수 있는 것도 당신의 사랑 덕분입니다. 여린 새싹이 딱딱한 땅을 뚫고 올라오는 것도 당신이 생명을 소중히 여기는 부드러운 마음 때문입니다. 하늘에서 비가 내리고, 강물이 바다에 이르는 것도 항상 당신이 함께 하기 때문입니다.

많은 사람이 함께 가더라도 어차피 혼자 가야 한다고. 당신은 항상 나와 함께 하지만 삶과 사랑에 대해선 한마디도 가르치지 않았습니다. 다만 손을 들어 길을 가리킬 뿐이었습니다. 외로워도 혼자 걷도록 하는 것은 혼자 걸어 보면 알게 됩니다.

사람들은 당신의 지극한 사랑을 산과 강과 바다에 만들고자 합니다. 사랑이 만들어지는 겁니까. 오히려 상처만 냅니다. 당신의 위대한 침묵을 믿습니다.

남강휴게소

먹으면 배설해야 한다. 먹는 것도 중요하지만 배설도 중요하다. 배설하지 않으면 새로운 것을 먹을 수 없다. 문인들은 자유와 상상력을 먹고 산다. 다행히도 흰 백지 위에 토해낼 줄 알기에 새로운 삶을 살 수 있다. 만약에 덜 토해냈다면 이번 문학 나들이를 통해 남기 없이 게워내는 것은 어떨까.

문인들과 대화를 나누며 오랜만의 회포를 풀었다. 늘 문학을 하면서 나들이하는 것조차 '문학기행'이라는 이름을 붙이니, 문학에 옭아지는 듯한 느낌이 든다. 자유를 바라는 문인이 옭아매기 위하여 그런 이름을 사용하는 것은 아닐 거다. 문학기행은 새로운 바람을 불어 넣기 위해서 가는 것이라고 생각한다. 그러기 위해서는 기존의 것을 비워야 하리라.

수많은 자동차들이 남강휴게소에 꽉 차 있다. 마치 화장실에라도 가듯 일렬로 줄지어 서 있다. 관광버스 · 승용차 · 트럭 · 외제차 · 경차, 그것들은 무엇으로 채웠기에 비우려고 하는가. 그것들이라고 채울 것이 없고 비울 것이 없겠는가. 비운다면 무엇을 비우는가.

산악회 버스가 왔다. 등산객들이 우르르 나온다. 난 등산을 좋아하기에 저 대열에 낀 적이 있었다. 어느 날, 아내와 말다툼을 하고 등산을 왔다. 야윈 사람이 너무 등산을 많이 가고 무리한다는 이유였다. 도시락도 싸주지 않았다. 산행하는 내내 그 생각이 떠나지 않았다. 배낭도 무거운데 마음까지 무겁다. 몸도 마음도 지친다. 몸은 산에 있지만 마음은 집에 있다. 산행을 해도 개운한 맛도 없다. 그 후 고속도로 휴게소에 오면 반드시 화장실에 들러 산 아래에 있는 모든 무거운 짐을 비워버린다. 오직 산을 향하는 마음만 들고 간다.

장례차가 들어왔다. 영화 대부의 문상객들처럼, 검은 상복을 입은 상주들이 줄지어 화장실로 향한다. 상주답게 입은 옷도 침침하고, 입도 한 일자로 꽉 다물고, 걸음걸음이도 침묵을 깨지 않으려는 듯 느릿느릿하다. 그들은 고인과 함께 했던 추억을 애써 비워낼지 모른다. 그래야 황천길 가는 고인도 편하게 갈 수 있지 않을까. 안 그래도 끈질긴 정 때문에 발이 떨어지지 않을 텐데. 고요히 가는 고인을 붙잡아서야 되겠는가.

상주들의 욕심이 고인의 마음을 어지럽게 할지 모른다. 자식들끼리 싸우기를 바라는 고인은 아무도 없다. 상주들은 줄지어 화장실로 가서 고인의 뜻에 맞게 욕심을 비워야 할 것이다. 부자의 재산 상속 때문에 콩가루 집안 된 경우가 신문에 얼마나 많이 일어나는가. 오히려 없는 집안의 자식들은 대부분 우애가 좋다고 한다. 욕심을 부릴 이유가 없기 때문이다.

영구차의 맨 뒤 좌석에 누워 있던 고인도 일어나 화장실로 간다. 황천길은 아직 많이 남았다. 버릴 것은 다 버리고 빈 몸이다. 그래도 화장실에 가는 것은 마음에 남아 있던 찌꺼기마저 남김없이 버리기 위해서일까. 저승에는 이승의 것은 하나도 쓸모없다. 가지고 간다고 하더라도 모두 쓰레기가 된다. 또한 황천길은 너무나 멀다. 먼 길을 가려면 그동안 쌓았던 삶의 오욕과 기억을 비워야 하리라. 하늘로 올라가기 위해선 남김없이 비워야 가볍게 올라 갈 수 있으리라. 여기가 비워야할 마지막 휴게소의 화장실인지 모른다.

문학의 길은 황천길같이 멀다. 버리고 가는 중요한 의미를 고인에게서 배우는 것은 어떠한가. 작가의 몸에서 맑은 향기가 덜 난다면 덜 토해내었기 때문이리라. 상상도 물 같은 것, 고이면 썩는다. 피를 토하듯 처절하게 백지 위에 토해야 하리라. 그러면 백지는 파경처럼 빛나고, 맑은 향기가 온몸을 덮으리라. 지식에도 얽매이지 않아야 새로운 시각으로 글을 쓸 수 있다. 정치인처럼 명암에 붙은 잡다한 프로필은 모두 버리는 게 홀가분하리라. 문학에 필요한 지식도 생각도 버려야 하거늘 잡다한 프로필은 당연히 버려야 할 것이다. 그것에 얽매인다면 어찌 새로움을 담을 수 있으랴. 비오는 날, 포장마차에서 소주잔을 부딪치며 사랑과 문학에 대해서 대화를 나눌 문우가 없다면 자신의 향기에 대해서 돌이켜 봐야 할 것이다.

난 버스에서 별로 먹지 않았다. 속이 거북스러워 검은 봉지 안에 있는 먹을거리에 손도 대지 않았다. 맥주도 마시지 않았다. 화장실에 가고 싶은 욕구는 아니었지만, 화장실을 가야하는 운명 같은 것을 느꼈다. 하늘을 쳐다보았다. 가을 하늘은 무엇 때문에 구름 한 점이 없이 깊고 푸른가. 새로운 먹잇감을 찾는 솔개는 날개를 미동도 하지 않고 어떻게 연처럼 하늘에 박혀 있을 수 있을까.

자동차는 인간을 비운다. 그리고 화장실 갔다 온 그들로 다시 채운다.

변호사

앞이 캄캄하다. 전 재산을 걸어 집을 샀는데. 사기를 당하다니. 명치가 막혀 숨도 쉬기 어렵다. 잠시 도시의 그늘을 피하고 싶어 백양산 등산을 한다. 백양산 만남의 광장에서 의도적으로 가풀막인 불웅령으로 오른다. 헉헉거리며 속에 있는 상흔을 풍선에 바람 넣듯 내뿜는다. 비록 다리는 지치고 심장은 헐떡거리지만 거친 마음은 어느 정도 달래지는 것 같다.

세상이 끝난 줄 알았는데. 대저평야를 황금빛으로 물들이고 저 산으로 넘어가는 저녁놀은 왜 그리 아름다운지. 아스라이 흐르는 낙동강은 왜 그리 여유로운가. 마치 밀레의 만종같이 산 아래는 너무나 고요하고 평화롭다.

봉우리가 환해서 어둠이 오는지 전혀 낌새를 채지도 못했는데. 어느새 어둠은 스멀스멀 품에 안긴다. 미워서 때려도 안기는 자식을 품지 않을 수 없듯이, 일어난 사기 사건을 없는 듯이 할 수 없듯이 어둠도 내 칠 수 없었다. 숲속에 들어가자 칠흑 같은 어둠이 미리 도착해 있었다. 산에서 어둠이 왔을 때 문제는 앞이 캄캄하여 길이 보이지 않는 것보다, 어둠에 대한 알 수 없는 두려움이다. 산에서의 어둠은 빛 하나 없는 지하실 골방같이 아무 것도 보이지 않음은 아니다. 정신을 차리고 어둠을 자세히 응시하여 보면 어둠 속에서도 길이 있다는 것을 알 수 있다.

십여 년 전, 창녕의 관룡사의 용선대에 사진을 찍으러 간 적이 있었다. 저녁놀과 함께하는 돌부처와 아름다운 풍광을 찍다가 시간 가는 줄 몰랐다. 산 아래의 마을에서 불빛이 번쩍이는 것을 보고 이제 하산할 때가 된 것을 알았다. 아직 봉우리는 훤했는데. 도구를 챙기고 숲속을 들어서자 갑자기 어둠이 소나기같이 몰아치면서 앞을 막았다. 관룡사까지는 30분은 더 내려가야 하는데. 무서움이 일어났다. 웅크리고 있는 희멀건 바위가 벌떡 일어날 것만 같았고, 바람 소리와 솔방울 떨어지는 소리는 전설의 고향에 나오는 귀신의 울음소리가 같았다.

이렇게 숲속을 몇 번 헤맨 경험으로 이젠 어둠이 그렇게 두렵지는 않다. 길이 보이지 않는 게 문제다. 길 한 복판 무릎 정도의 높이에 두 개의 헤드라이터가 나를 비추고 있다. 산고양이다. '야! 이 놈.' 하고 스틱을 들어 내리치려고 하니 도망쳤다. 그제야 숨었던 무서움이 일어난다. 그 놈이 나에게 달려들지 않을까. 생각이 꼬리를 무니 무서움도 따라 꼬리를 문다. 고양이가 무서운 게 아니라 생각이 더 무섭다. 어둠을 피하기라도 하듯이 바쁜 걸음으로 발품을 팔아 보지만, 어둠 속에는 역시 어둠뿐이다. 세상이 끝나고 아무것도 없는 줄 알았는데 어둠이라도 남아 있다니 다행이다. 그래야 새벽이 오지 않겠는가.

산의 길은 산에 있고, 도시의 길은 도시에 있다. 잃어버린 길은 잃어버린 곳에서 다시 찾아야 하듯이, 어둠을 헤쳐 나가는 길은 어둠 속에 찾아야 하듯이 문제는 문제에서 답을 찾아야 한다. 문제를 피해 산으로 간들 해결될 리 없다. 보다 못해 부모님이 '돈은 걱정하지 마라. 내가 해결해 줄게.'하며 안쓰러운 듯 말한다. 그래도 걱정은 가지 않는다. 고통은 돈의 문제가 아닌가보다. 그러면 무엇이 문제인가? 분명히 돈이 문제였는데. 돈이 문제지만 돈은 답이 아니었다. 다른 사람이 답을 주더라도 그것은 그 사람의 답이다. 다른 어떤 곳에서도 답은 없다. 나의 답은 내 안에 있다는 것을.

변호사에게 사건을 의뢰했다. 그의 키는 작지만 오뚝이같이 생겼고, 부드럽고 조용한 말은 오히려 거짓이 없고 자신감이 있는 것처럼 느껴졌다. 내 사건의 전모를 듣고 돈을 받을 수 있다고 한다. 안도감이 생긴다. 부모님에게서 돈을 받는 것보다 편안해진다. 합의하자는 전화가 왔다. 계약으로 인해 그들이 손해 본 만큼 보상해 달라고 한다. 절대적이고 일방적인 잘못이 어디 있는가. 배움에 공짜가 어디 있겠는가. 학교에 등록금을 내듯이 삶의 학습비라 생각하고 주었다.

겨우 한 사건으로 내 얼굴은 퀭하다. 더군다나 골치 아픈 사건을 떠넘겼는데도 말이다. 그런데 변호사는 많은 사건을 가지고 있으면서도 안색이 환하다. 그는 많은 사건을 처리하면사도 자기 것으로 생각하지 않기 때문일까. 유실물보관소에 맡겨진 짐 보따

리 같이 잠시 보관할 뿐이다. 때가 되면 다시 돌려주면 그만이다. 난 사건을 주었는데도 놓지 못하고 있다. 내 것이라고 생각하기 때문이다. 만약에 나도 내 것이라고 생각하지 않는다면, 일어나고 사라지는 물거품으로 보고 걱정할 것도 없을 텐데. 사실로 멀리 넓게 보면 내 것이라고 할 것도 없는데. 어차피 세월이 해결해 줄 텐데.

변호사는 살인, 사기 등 수많은 사건을 맡으면서도 자신은 한 번도 살인자, 사기꾼이 된 적이 없다. 그저 변호사일 뿐이다. 피해자의 입장에 서서 오직 전력으로 자신이 맡은 바 일을 할 뿐이다. 살인자의 예리한 눈빛도 웃음으로 품을 것이고, 사기꾼의 더러운 손도 기꺼이 잡을 것이다. 그에겐 가해자도 피해자도 없다. 홀어머니가 외아들을 사랑하듯이 모든 사람을 품을 것이다. 자신이 변호사인 것을 망각만 하지 않는다면 나락으로 떨어지는 일은 없을 것이다.

사건 속에는 나와 내 것은 없다. 항상 여여한 마음으로 사건만 처리할 뿐이다. 그래서 그는 사건이 해결되면 기뻐하지만 기쁨에 빠지지 않고, 안 되면 슬퍼하지만 고통에 빠지지도 않는다. 그는 세상 사건의 중심에 있으면서도 그물에 걸리지 않는 바람처럼 사건에 얽매이지 않는다. 결과에 대해서도 두려워하지 않는다.

나도 내 삶의 변호사였으면 좋겠다. 그러면 아무리 어려운 난관에 부딪히더라도 자신을 잃지 않고, 어떤 소리에도 놀라지 않는 사자처럼 평온할 수 있을 텐데.

그렝이 법

햇빛을 보는 순간 변화가 왔다는 것을 직감했다. 두려웠다. 햇빛에 어느 정도 익숙해지자 세상이 보이기 시작했다. 보이기 시작하니 내가 보이고 다른 돌과 비교를 할 수 있었다. 나는 크지도 작지도 않는 미끈하지도 않는 단단하고 거친 화강암이었다.

석공은 나를 돌 창고로 데리고 갔다. 몸을 움직인 것은 평생 처음이었다. 하늘이 날아다니고 땅이 꿈틀거렸다. 구토가 날 정도로 매스꺼웠다. 이런 흔들리고 혼란스러운 세상에 살아가는 그들이 신기할 정도였다. 있는 것 자체가 불안하고 고통스러웠다.

그에 비하면, 나의 세상은 어둠과 침묵뿐이었다. 어둠 속에서는 눈도, 침묵 속에서는 귀도 없는 거나 마찬가지였다. 그래선지 답답하지 않았다. 오직 동면 같은 고요한 명상의 시간이 나의 전부였다.

빛을 보고 나서야 알았다. 짐작할 수 없는 시간동안 전혀 변화가 없었기 때문에, 어떤 것이 꿈인지 생시인지 처음에는 분간하기 어려웠다. 변화가 없는 세계에는 시간도 존재하지 않았다. 시간이 존재하지 않으니 늙음도 죽음도 없었고, 두려움도, 절망과 희망도 없었다. 사랑이 없기에 그리움과 아픔도 없었다. 미래에 대한 도전이나 준비도 없었다. 그런 말 자체가 필요하지 않았다.

침묵과 어둠은 한마디로 없음이다. 없음도 있기 때문에 나온 말이다. 없음조차 없다고 해야 옳은 것 같다. 빛이 없는 세상은 어둠도 어둠이 아니고, 소리가 없는 세상은 침묵도 침묵이 아니었다. 빛과 소리를 느끼고 나서야 나와는 다른 세상이 있다는 것을 알았다.

창고에 있는 돌은 재질 · 모양 · 크기에 따라 분류된다. 좋은 돌은 부처상 · 십이지상 등으로 의미와 가치가 있는 것으로 태어나고, 나같이 못난 돌은 그냥 기다리다가 석축이나 석성에 간다. 그것도 다행이다. 쪼개어 건축물의 자갈로 사용하는 경우도 있다.

석축에 가더라도 어느 위치에 가는지 관심의 대상이었다. 아래에 갈까봐 두려웠다. 무거운 돌들을 감당하기에 역부족이라고 미리 겁을 내었다. 그것은 기우에 지나지 않았다. 작고 못난 돌로 태어난 것은 반드시 불행한 것만은 아니었다. 큰 돌은 아래에 작은 돌은 위로 또는 상황에 맞게 배치하는 석축 법이 있기 때문이다. 세상에는 하찮은 것도 이치에 맞도록 배려하는 법이 있다는 것을 알았다.

모두 쌓고 위층만 남았다. 맨 위에 있게 되어 좋다고 생각했는데. 맨 위에 있는 돌은 모습을 매끈하게 꾸미기 위해 몸을 깎아야 한다고 한다. 아픈 게 문제가 아니라, 변한다는 자체에 두려움이 솟구쳤다. 삶 자체가 미래의 변화에 대한 도전이라 생각하면서도, 스스로 선택하지 않는 도전은 막연한 두려움이 되어 스멀스멀 기어 들어왔다. 말이 도전이지 피할 수 없는 운명이었다.

삶에는 어쩔 수 없는 상황이 있다. 그럴 때는 조용히 기다리는 게 최선이다. 눈을 감고 명상을 하였다. 마음은 고요하고 평안해졌다. 최근 며칠 사이의 삶은 수억 년 있었던 긴 침묵과 어둠의 삶보다 더 바빴다. 온통 불안과 걱정, 변화의 연속이었다.

어느 날, 나는 어딘지 모르는 곳으로 옮겨졌다. 모른다는 것 자체가 두려움이었다. 모든 것을 받아들인다 해도 막상 부딪히니 심장이 뛰는 것은 어쩔 수 없었다. 마음속으로 기도했다. '걱정한다고 해결되는 것은 아니다. 오직 부딪힐 뿐이다.'

나는 나무기둥의 초석으로 사용된다고 한다. 나는 그대로 두고 기둥을 깎아 나에게 맞추는 그렝이 공법으로 한옥을 짓는다고 한다. 유능한 석공은 자연과 함께 살아가는 법을 안다. 유능함은 기술이 아니라 아름다움이다. 아름다움은 고정된 직선이 아니라, 온 몸이 꿈틀거리며 살아 움직이는 산의 모습이다. 산이 많은 우리나라 석공의 마음은 산을 닮았다. 지평선에 길들여진 외국의 석공과는 다르지 않을까.

관광객이 전에는 한옥을 보려 왔었는데. 이젠 그렝이 공법으로 만든 나무기둥과 덤벙주초를 보러 오는 사람도 있었다. 덤벙주초는 인공이 전혀 가미 되지 않는 자연 그대로의 초석이다. 석축의 맨 윗돌은 짐을 지우지 않아 편하게 보였다. 마치 어둠 속에 있을 때의 나와 같았다. 나는 굵은 적송을 지고 있었다. 단단한 돌이라고 안 무거운 게 아니었다. 힘든 것보다 속으로 일어나는 불평이 나를 더 무겁게 했다. 난 누구를 위하여 살아 본 적이 없었기 때문이었다.

나와 나무기둥의 그렝이질을 보고, 많은 사람들이 기뻐하는 모습을 보았다. 가까이 와서 손으로 부드럽게 이마를 쓰다듬었다. 나무와 매우 다른 재질의 돌이 묘하게 어울리는 것을 보고 천생연분이라고 말하였다. 정체를 알 수 없는 힘이 솟구쳐 기둥을 더 힘차게 받칠 수 있었다.

나무기둥의 부드러움이 온 몸을 감싸 안았다. 나는 이런 포근한 기분을 느껴 본 적이 없었다. 여기는 두려움과 혼란의 세상 같았는데, 내가 모르는 아름다운 것들이 있다는 것을 알았다. 어둠과 침묵 속에서 수억 년을 견디어 온 나는 깜부기불이었던 것이었다. 여기 세상에는 생사의 두려움과 변화에 대한 불안과 걱정이 있지만, 사랑이 있다는 것을 알았다. 홀로 사는 게 편하고 함께 사는 게 힘들 수 있지만, 이젠 홀로보다 아픈 사랑을 선택할 수 있을 것 같았다.

사랑은 서로 다른 것이 함께 하는 것이 아닐까. 가까운 곳에서 아픔을 주는 사람이 내가 사랑하는 사람일지 모른다. 사랑에 법이 있다면 그렝이 법이 아닐까.

내비게이션

아침에 눈을 뜨면 명심문明心文을 외운다. 그것은 틱낫한 스님의 가르침 때문이다. 먼저 얼굴에 웃음을 머금는다. 그리고 암송한다. '오늘 덤으로 생긴 24시간 감사합니다. 오늘 철저히 살겠습니다. 살아있는 모든 존재들에게 사랑의 눈길을 보내겠습니다.'

일어나자마자 하는 것은 잠에서 깬 첫 마음에 명심문을 주입을 하면 하루 길 찾는데 헷갈리지 않기 때문이다. 마치 내비게이션에 지도가 바뀌면 새로운 소프트를 계속 입력하는 것과 같다. 그대로 두면 기존의 지도대로 간다. 그것은 올바른 길이 아닐 수 있다.

아침의 순간이 하루에 얼마나 크게 영향을 미치는지 모른다. 우울하면 하루 종일 우울한 것 같고, 즐거우면 하루 종일 즐거운 것 같다. 억지로 즐거움을 입력시켜 두고, 하루 종일 써 먹는다. 중요한 것은 내비게이션같이 입력해 놓은 것이 나와야 하는데. 삶은 그렇지 않다. 아침에 입력한 것이 나오지 않고, 전부터 기억 창고에 저장된 것들이 자동적으로 출력해 나온다. 행동하고 나서야 '잘못 출력됐구나.' 하고 후회한다. 내가 입력해 놓은 것을 수

동적으로 출력할 수만 있다면 얼마나 좋을까. 아침의 명심문은 올바른 길로 인도하는 내비게이션이다.

내가 아는 지인 중에서 길 맹이 있다. 그는 한 번 간 길은 물론이거니와 몇 번 가도 다시 찾아 가지 못한다. 그렇다고 머리가 나쁜 것은 아니다. 숫자를 외우는 데는 도사다. 경제지표 등 신문에 나오는 숫자를 소수점까지 정확하게 외워 우리를 놀라게 한다. 그런데 길 위에만 올라서면 헤맨다. 그는 내비게이션이 나오자마자 제일 먼저 샀다. 그에겐 그것은 길이었다.

내가 생각하건대, 그는 자신의 위치를 모르는 것 같다. 어떤 공간에서 자신이 어디 있는지를 모르니, 목적지에 대한 방향 감각을 잃어버리고, 어디로 가야할 지를 모른다. 심지어 알 던 길도 잊는다.

내비게이션이 좋은 것만은 아니다. 내비게이션만 보고 가니 이정표를 보지 않아 편하지만, 옆길이 있는지 세상이 어떻게 생겼는지 모른다. 현실 감각이 떨어져 우회도로가 있는데도, 슬기롭게 판단하지 못하고 그것만 믿는다. 그것에 전적으로 의지하다 보면 어디로 가야할지 어떨지 골치 아픈 생각을 하지 않으려 한다. 그러면 내비게이션이 없으면 길을 찾지 못한다. 그저 시키는 대로 가고, 자신이 어디쯤 가고 있는지 모르는 지경이 된다. 오로지 그의 길은 사각의 내비게이션 안에 있다.

성묫길이었다. 고속도로가 막혀 국도로 해서 최고 빠른 거리로 가자고 입력해 놓았다. 하지만 그것은 최고 빠른 길이 아니었다.

거기도 역시 교통체증이었다. 거리는 최고 짧을지 모르지만, 주위 상황을 감안하여 안내하지 못했다. 내비게이션은 오직 자기가 아는 길만 안다. 변화와 상황에 적응하지 못한다.

현실에선 없는 것보다 낫다. 속도위반 스티커를 물고 나서 내비게이션을 구입했다. 단속 카메라에 걸리지 않기 위해서다. 또한 모르는 곳을 찾아가는 데는 족집게 같기 때문이다. 목적지의 주소나 이름을 입력하면 찾아 가는 데는 문제가 없다.

그러나 목적지만이 길의 목표가 아니지 않는가. 길을 잘못 들어 새로운 마을과 들판을 구경할 수 있는 덤도 없고, 미지의 길을 가는 짜릿한 감흥도 없다. 목적에 집착하니 과정은 보이지 않는다. 그저 가는 길에만 눈을 둔다. 게임 밖에 모르는 게임중독자와 무엇이 다른가.

우리 삶의 내비게이션은 어떠한가. 일상의 길은 내가 알고 있기 때문에 별도의 내비게이션이 필요 없다. 늘 다니던 한의원을 찍어 시험 삼아 해 보았다. 실제로 그 길은 지름길이고 빠른 길인데도, 내비게이션은 수십 번이 틀렸다고 안내가 나온다. 내가 아는 길은 나의 머리가 가장 적합한 내비게이션이고, 일상의 삶은 그 자체가 내비게이션이다.

끊임없이 변화하는 우리의 삶에 내비게이션을 두고 의지한다면 어떻게 될까. 처음 의지할 때는 쉽고 빠르게 간다. 그것에 의지하면 할수록 자신은 더 쓸모가 없어지고, 나아가 자신에게 관심조차 기울이지 않는다. 내비게이션이 목적지에 도착하는 데는 필요할 수도 있겠지만, 전적으로 의지한다면 자신을 잃고, 잘못된 길을 갈 수 있다. 내비게이션은 자기가 아는 길만 안내하고, 끊임없이 변화하는 우리의 삶에 적응하지 못하기 때문이다.

자신이 어디 있는지 모른다. 그러면서도 찾으려고 노력하지 않는다면 그는 내비게이션의 구속에서 벗어나지 못할 것이다. 내비게이션의 신봉자가 된다. 인생에서 의지해야 할 것은 아무 것도 없다. 오직 자신뿐이라는 것을 알아야 하는데.

내비게이션은 미지의 세계를 갈 때는 필요하다. 일단 켜면 전적으로 그것에 의존해야지 자신의 머리를 사용하면 더 복잡해진다. 안내자가 두 명이라면 혼란스러운 것은 자명한 일이다. 가는 길이 험하다고 밀린다고, 잘못되지 않았나 의심해서는 곤란하다. 늦기도 하고 둘러 가는 게 우리의 인생과 다를 바가 없다. 길을 모르는 자가 내비게이션보다 낫다고 머리를 굴린다면 뒤죽박죽이 될 것이다. 언젠가는 목적지에 도달한다는 믿음을 갖고 여행을 즐기는 게 좋다.

나는 나를 모른다. 나를 찾기 위해 목적지를 '나'로 입력하고 내비게이션을 켠다. 일상에 젖은 나는 내비게이션을 무시하고 내 마음대로 행동한다. 경고음이 빽빽거려도 무시하고 내가 가고 싶은 길만 간다. 결국 엉뚱한 방향으로 가고, 빨간 딱지 붙은 스티커를 받는다. 삶의 내비게이션은 수용하는 것이 올바른 삶의 길이다.

지하철문고

땅 속에 만남의 광장이 있다. 그곳에는 노인들만 모인다. 그들은 누군가를 기다리는 사람처럼 한없이 앉아 있다. 광장의 조명으로는 그들의 깊은 마음의 어둠을 밝히지 못하는 것 같다. 수많은 세월 동안 햇살을 품어온 얼굴이지만, 마른 명태같이 찌푸려 있다. 그들 뒤쪽에 지하철문고가 서 있다. 그곳에는 하늘색 조끼를 입은 헌책들이 그들처럼 앉아 있다. 어디로 가려고 하는지, 누구를 기다리는지. 왠지 그곳은 지하철의 종점 같고, 책이 가는 마지막 장소인 것처럼 다가온다. 호스피스병원에서 여생을 마친 친구의 어머님이 생각나는 것은 웬일일까.

그들은 어떤 책들일까. 자신이 잘 읽지 않고, 모양이 낡고, 후출한 책들일 것이다. 아마 애지중지하는 책들은 아닐 것이다. 그래서 그들은 태양이 없는 지하철문고에 꽂혀 있는 것이 아닐까. 따스한 손길을 기다리지만 좀처럼 다가오는 사람은 없다. 자주 오라는 것도 아니고, 오랫동안 같이 있기를 바라는 것도 아니다. 어쩌다 가는 길에 눈길 한 번 주었으면 좋으라만. 눈 어둔 사람은 방황하더라도 책을 찾는 일은 드물다.

오후가 되면 만남의 광장에 노인들이 모인다. 오가는 사람들은 노인들에게 눈길 한 번 주지 않는다. 노인들이 친구를 기다리듯 헌책들도 기다린다. 만남의 광장의 노인처럼 그들도 외롭다. 자신의 흔적—책에 줄친 부분과 기억의 단상들을 보고, 추억을 그리면서 찾아 주기를 기다린다. 비록 낡았어도 생명이 다할 때까지 기다릴 것이다. 무엇을 위한 기다림은 아니다. 기다림 자체가 삶의 의미며 살아 있음이 아닐까.

비록 낡았어도 하늘색 조끼를 입고 있다. 그것은 푸른 꿈을 가진 늙은 새의 날개와 같다. 깃털이 많이 빠졌다고 날지 못하란 법은 없다. 속이 텅 빈 수백 년 된 느티나무와 같다. 그것은 마을의 수호수이면서 오가는 사람들이 쉬어갈 수 있도록 큰 그늘을 만들어 주지 않는가. 고목의 그늘을 찾듯이 아직 나를 찾는 사람이 있다면, 술 취한 사람이건 빈둥거리는 사람이건 싫어하는 사람이건 구분하지 않을 것이다. 그들을 해방시켜 주려고도 가르치려고도 하지 않을 것이다. 하지만 항상 관심의 줄을 놓지 않고 간절한 마음으로 두 손을 모은다. 선각자의 사랑이 깃든 밑줄이 혹시 그들을 해방시킬 불씨가 되기를 바라면서….

헌책은 문고에서 함께 하기보다 홀로 있기를 바란다. 그건 그의 사랑법이다. 난 지하철을 타면 선반 위에 홀로 누워있는 책이 있는지 습관적으로 눈이 간다. 할 일을 다 마친 선각자 같은 모습은 보이지 않는다. 바삐 내린다고 팽개친 듯 흐트러진 자세로 선반의 안쪽 언저리에 엎드려있는 책을 본다. 그러나 그들은 생각할지 모른다. 버려지더라도 찢어지더라도 외롭더라도 좋다. 두려운 것은 문고에서 폐품처럼 사는 것이다. 두렵더라도 버려지더라도 홀로 있기를 바란다. 사랑하는 이와 함께 있을 수 있는 유일한 방법이기 때문이다.

헌책은 그냥 헌책이 되는 게 아니다. 세월이 지났다고 새 책이 헌책이 되는 것은 아니다. 사랑하는 이의 손때가 묻고, 간간히 밑줄이 쳐 있고, 때로는 눈물자국이 있고, 그런 흔적이 있어야 헌책이라 할 수 있다. 서랍 속에 깊숙이 박혀 아무도 보지 않는, 한 번도 얼굴을 보여 주지 못한 희멀건 책을 헌책이라고 할 수 없다. 장돌뱅이같이 굴러 슬픔과 이별에 부딪혀도 아픔을 무디게 해 줄 수 있는 책이 헌책이다. 비록 낡았어도 주옥같은 글로 많은 이들을 감동시키고, 영혼을 맑게 하는데 도와준 흔적이 있어야 헌책이 아닐까.

헌책은 겉모습은 낡았지만 속까지 낡지 않았다. 오래 묵은 조선된장 같은 구수한 향기는 새 책의 신선한 향기보다 못하지 않다. 오래 되었다고 무조건 성숙되는 것은 아니다. 다른 사람을 성숙시킨 만큼 성숙한다. 그래서 헌책의 향기는 독자들을 얼마나 성숙시켰느냐에 달려 있다. 자신의 쪽수만큼 성숙시킨 헌책이 가장 신선할 것이다. 오래 되었다고 헌책이 아니듯이 늙었다고 모두 노인이 되는 것은 아니다. 무엇보다 정신적인 성숙이 되지 않고서는 노인이라 할 수 없다. 젊음이 지나면 노인이 된다. 그는 힘

없고 병든 나약함이 아니라, 젊은이는 결코 경험할 수 없는 노인이라는 새로운 도전이다.

짜지고 낡아져 지저분해도 세월을 한탄하지 않는다. 내 몸 하나 부서져도 내 몸보고 삶의 무상을 느껴 욕망을 비우는 이도 있고, 글자 하나에 무릎을 치고 고개를 끄떡거리는 사람도 있기 때문이다. 자신을 선택해 주지 않아도, 관심을 가져 주지 않아도 애달파하지 않는다. 그는 성숙하기 때문이다. 낡음은 끝이 아니라 새로운 도전이다. 그것을 아는 것은 중요하다. 그래야 낡았어도 새 책보다 더 당당하게 지하철문고를 지킬 수 있지 않겠는가.

헌책은 언젠가 사라지겠지만 새 책으로 다시 태어날 수 있다. 그 책에 무엇이 담길지 궁금하지 않는가. 이별의 아픔이 있더라도 사랑을 찬미하는 내용이 담긴 책이 되었으면 좋겠다. 더 욕심을 부린다면 한 명이라도 삶의 의미를 깨달을 수 있는 책이 되었으면 좋겠다. 그냥 아무런 책이면 어떠리. 어떤 내용의 책이라도 가치 없는 게 있을까. 눈이 어두워 그것을 보지 못하는 사람이 있을 뿐이다. 어쩌면 책이 되지 않고, 화장지가 되어 밑바닥에서 새로운 생을 시작할지 모른다. 그렇다고 슬퍼하지 않으리라. 성숙하기 위해서는 인고의 세월이 필요하다는 것을 알기 때문이다.

지하철문고는 마지막 장소가 아니라 새로운 도전장이 아닐까. 나도 언젠가는 헌책이 되겠지.

장례식장

돌아가셨다. 처남의 젖은 목소리에 내 마음도 따라 젖는다. 돌아가셨다. 어디로 갔는지도 모르면서 돌아가셨다고 한다. 과연 돌아갈 곳이 있을까. 죽음의 소식을 접하면서도 산 자의 할 일을 해야 하는 것처럼 나는 아침밥을 먹는다. 산소호흡기를 착용한 모습은 살아 있을 때나 다름없다. 아니 더 평안하게 보인다. 이젠 함께 있을 수 없다. 하지만 돌아갈 곳이 있다니 위안이 된다.

입관을 한다. 수의로 온몸을 감싸고 얼굴만 남겨 놓았다. 마지막 인사하기 위해서다. 한여름 땡볕으로 익은 도토리가 늦가을에 스스로 떨어지듯 모든 것을 털어버렸다. 호흡마저 버렸다. 몸을 최대한 낮추었다. 이젠 혼자서는 절대로 일어설 수 없다. 버리지 않으면 낮추지 않으면 새로움과 만날 수 없다는 것을 깨달은 늙은 상수리나무처럼 빈 몸으로 누워 있다. 그래서 고인의 얼굴은 고요하고 평화스러운가. 설날에 세배를 드리는 것처럼 모두 서 있다. 고인보다 더 굳은 얼굴이다. 이젠 얼굴을 마주 보고 인사할 기회가 없어서 그럴까. 평소에 인사라도 많이 해둘 것, 회환의 눈물이 흐른다.

장례식장에 있으면 마음이 너그러워진다. 장례식장 안의 물가는 시중보다 훨씬 비싸다. 그래도 깎는다든지 가격에 시비를 하지 않는 관대함을 보인다. 고인에 대한 관용인가. 살아생전 편안하게 해 드리지 못한 안타까움일까. 낡은 배낭을 멘 노숙자 모습의 중년이 소주 2병을 얻으려 왔는데도 비굴하게 보이지 않는다. 죽은 자들의 문턱을 수없이 넘나든 덕분인가. 웃으면서 소주 두 병과 맥주 두 병, 안주까지 덤으로 주었다. 누군지 모르면서 술을 주고 음식을 준다. 그날 그는 배불리 먹겠지. 고인의 죽음은 이렇게 배고픈 이에게 사랑을 베푼다.

장례식장은 죽은 자의 곳인데 죽은 자의 것은 없다. 죽은 자의 날인데 죽은 자의 이야기도 없다. 호상이란 한마디로 모두 털어버리고 산 자들의 말뿐이다. 호상이라니, 죽은 자에게 물어보지도 않고 호상이라고 한다. 그건 죽은 자의 호상이 아니라 산 자의 호상이 아닐까. 수의의 종류 · 분향실과 접객실의 평수 · 장의차 · 관의 종류, 고인을 위해 최고급을 선택하지만 고인의 것은 하나도 없다. 산 자의 후회와 회환의 눈물 자국만 애써 흔적을 남기려 한다.

장례식장은 죽음이 현존하는 곳이다. 문상객들은 거짓의 가면은 쓸지언정 멈추어서 고개를 숙이지 않을 수 없다. 지금까지 고개를 들고 달려온 자들도 그 순간만큼은 숙연한 자세를 취할 것이다. 죽음을 만나 삶의 다른 모습을 보지만, 과연 갈애의 수레바퀴는 죽음이 머무는 곳에서 멈출까 의문이 생긴다.

한 선배의 죽음이 있다. 학교 동기들이 거의 문상 오지 않았다고 한다. 당신의 죽음에 그들은 슬퍼하지 않는다는 것을 알까. 그것은 나의 죽음을 생각하게 한다. 상주보다 많은 조화들이 자기만의 꼬리표를 달고, 거들먹거리며 앞서거니 뒤서거니 조문객들을 맞고 있다. 그들의 얼굴 표정은 훤하다. 이 순간들을 기다려 온 것처럼 훤하다. 멈춤 없이 오는 조문객과 무엇이 다른가. 하지만 수많은 조화와 상주와의 눈도장, 이것은 바깥세계의 삶이 아닌가. 그러나 장례식장에선 진심이 작고 계산이 깔렸다고 해서 애도의 마음이 없는 것은 아니다. 그것도 사랑과 우정의 표현이라는 거다.

우리가 알든 모르든 죽음은 운명임을 가르쳐준다. 고인의 죽음이 나를 가르치기 위해서 있는데도 우리는 나의 끝이 어딘지, 어떠한 현상이 일어나는지 잊은 채 달리고 있다. 죽은 자는 죽음을 통해 신비스런 암시를 하는데도 어리석은 나는 귀를 막는다. 다른 사람의 죽음을 보고도 나는 죽지 않는 것처럼 덤덤하다. 고인에게 조문하는 것이 나에게 조문하는 것처럼 진지하다면, 고인의 끝만 이런 게 아니라 나의 끝도 다름없음을 알 수 있을 텐데.

죽음을 만나는 그곳에 성숙이 있다. 연말이 되면 산 자는 어떤 반성을 할까. 불우이웃돕기로 분분하고, 그것으로 한 해 지은 죄를 반성하는 기회로 삼으려고 하는지 모른다. 얄팍하지만 그것이라도 했으면 좋겠다. 죽은 자는 어떤 반성을 할까. 이미 죽음의 고통을 당하면서 참회했는지 모른다. 죽음은 새로운 삶을 깨달을 수 있는 계기가 될 수 있다. 잠시 동안이라도 인생무상을 느끼고,

살아 있음의 소중함을 알 수 있지 않을까. 장례식장은 용서와 화해의 장이다. 형제간의 불화, 친구와의 다툼이 있더라도, 고인의 평화스런 얼굴 앞에 무엇을 이해하지 못하겠는가. 장례식장에서 나의 죽음을 엿볼 수 있다면, 고인의 죽음이 헛되지 않을 텐데.

죽음은 멀리 있는 게 아니다. 장례식장이 바로 옆에 있듯이 삶 속에 함께 있다. 갑작스런 친지의 죽음에 '사는 게 사는 게 아니다.' 라고 외치며 안타까워 한 적이 있지 않는가. 그것은 누구의 문제가 아니라 나의 문제다. 먼 곳에 기약이 된 것이 아니라 오늘의 문제다. 백척간두에 서 있으면서도 갈애의 수레바퀴를 멈추려고 하지 않는다. 금강석 같은 굳은살은 시린 칼끝에 서 있어도 아픈 줄을 모른다. 하지만 언젠가 다른 사람의 죽음을 접하면서 나도 그러함을 깨닫게 될 것이다. 그러면 삶의 소중함을 알고 알차게 살고, 다른 사람에게도 사랑을 베풀 여유가 생긴다. 우리가 장례식장에서 하는 것처럼 세상을 살아간다면 훨씬 평화로운 생활을 할 수 있을 텐데.

밖에 나오니 햇살이 다가와 품에 안긴다. 천천히 햇살의 사랑을 느끼며 걸으니 걷는 발걸음과 햇살의 소중함을 느낀다. 지금까지 깨닫지 못한 포근함이다. 햇살처럼 죽음을 가슴에 품고 살았으면 좋겠다.

2부

◆

주인을 찾습니다

주인을 찾습니다

"주인을 찾습니다."

목욕탕 카운터의 유리 창문에 붙은 쪽지 밑에 연붉은 뿔테 안경이 걸려 있다. 벌써 달포가 두 번이나 지났다. 정작 안경이 필요한 것은 주인일 텐데. 안경을 매일 쳐다봐야 하는 내가 주인보다 더 안타깝다. 주인은 알까.

주인은 어디서 무엇을 하고 있을까. 번쩍이는 희미한 불빛, 자욱한 담배연기가 가득한 성인나이트클럽에서 부킹을 기다리며, 흐릿한 눈으로 성인 쇼를 즐기고 있을지도 모른다. 돌아가는 사이키조명과 귀 안을 가득 채우는 디스코음악은 눈과 귀를 멀게 하고, 머리마저 돌게 만들지만, 말초신경을 자극하는 짜릿한 즐거움을 즐길지도 모른다. 오늘도 그것에 매혹되어 부나비처럼 불을 찾아 어둠 속을 헤매고 있을 그를 상상을 해 본다. 그런 생각하면, 안경을 보는 것보다 더 안쓰럽다.

스스로 버려지고 아무도 찾지 않는 그들, 갈 곳을 잃고 방황하는 영혼과 무엇이 다른가. 누가 누구를 잃어버렸다고 생각할까.

장자의 나비 꿈이 떠오른다. 그가 안경을 잃었는지, 안경이 그를 버렸는지. 머리나 목에 걸린 채 밤거리에서 방황하고 있는 안경을 보면, 삶의 의미를 잃고 방황하는 나를 보는 듯 씁쓸하다. 제자리를 찾아야 헤맴을 멈출 텐데.

안경의 진짜 주인은 누구일까. 안경을 잃어버린 사람일까. 안경을 만든 사람일까. 그게 아니라면, 내가 가지고 있으니 나일까. 시력이 맞으면 누구나 주인이 될까. 이도저도 아니라면 안경의 주인은 없는 게 아닐까. 확실한 것은 안경의 주인은 있다는 거다. 그의 주인은 누구일까.

안경처럼 나의 주인도 확실히 있는 걸까. 내가 나의 주인이라면 구속받지 않고 자유자재하게 살 수 있을 텐데. 난 자유로운가? 자유롭지 못하다면 안경처럼 주인을 잃어버린 게 아닐까. 잃어버린 나를 찾으려 해도 찾을 수가 없다. 자신에 대해서 아는 게 하나도 없기 때문이다.

어릴 적 명암 사진 한 장 들고 부모를 찾아 바다를 건너 온 해외입양아도 있는데. 늘 함께 있으면서 모른다는 것은 관심의 부족이라기보다 다른 것을 더 사랑하기 때문이 아닐까. 언제 어디서 잃어버렸는지도 모르는데. 사진이 있을 리 없고, 한 번도 본적이 없기에 초상화도 그릴 수도 없다. 혹시 꿈에라도 볼 수 있도록 기도나 해 보자. 그래야 몽타주라도 그려 해운대 백사장에서 잃어버린 알반지의 알을 찾듯이 찾을 게 아닌가. 내가 나를 찾지 않는다면 누가 나를 찾겠는가.

강아지를 찾습니다. "품종은 갈색 미니핀, 40cm, 4kg정도 작고, 언뜻 '치와와'로 판단될 수 있습니다. 인상착의는 노란색 티셔츠를 입었고, 까만색 가죽 목줄을 달고 있습니다. 특징은 눈이 크고, 귀도 크고 다리가 길고, 나이가 들어 목에 주름이 많이 잡혀 있습니다. 보상하겠습니다. 010-6576-8989"

컴퓨터로 인쇄한 벽보가 전봇대에 붙어 있다. 심지어 인터넷을 통해서도 강아지를 찾고 있다. 적어도 이 정도는 돼야지. 잃어버린 강아지는 찾으면서 자신은 왜 찾지 않을까. 내가 강아지보다 가치가 없는 것일까.

찾지 않는 것은 자신에 대한 사랑 부족 때문이다. 그런 사람은 안경이 자신의 일부임을 깨닫지 못하는 것과 같다. 돈만 있으면 살 수 있는 소모품으로 본다. 그러나 강아지의 주인은 사정이 다르다. 강아지를 사랑하기 때문에 강아지를 찾는다. 강아지는 단순한 강아지가 아니라 자신과 함께 살아온 강아지다. 자신의 삶의 일부분이다. 세상의 모든 것을 살 수 있더라도 삶은 살 수 없다. 삶은 바로 당신이 아닌가. 돈으로 사는 것보다 돈으로 살 수 없는 게 더 중요하다는 것을 안다면 어찌 나를 놓치겠는가.

난 우산을 잃어버린 경험이 수없이 많다. 집에서 들고 나가지만 비가 안 오면 두고 온다. 특히 비오는 날은 친구들과 소주 한잔 하기 좋은 날이다. 끝날 때 비가 오면 당연히 들고 가지만, 비가 안 오면 십중팔구 두고 나온다. 집사람에게 꾸중을 듣는 게 수십 번이다. 이제는 이력이 나서 비를 맞고 나가든지, 아예 우산 손잡이의 줄을 손에 끼고 마신다. 눈앞의 우산도 챙기기 이렇게 어려운데, 하물며 정체도 알 수 없는 자신을 깨닫고 잃어버리지 않는다는 것은 얼마나 어려울까.

안경이 아무리 소중하더라도 주인과 함께 있어야 진정한 가치가 드러난다. '주인을 찾습니다.'라고 안내문을 붙인다 해도 안경은 주인을 찾아다닐 수 없다. 그러나 안경은 주인과 함께 있을 때 세상을 '있는 그대로' 본다. 개념적으로 보는 게 아니라 구체적으로 본다. 희미하게 보는 게 아니라 똑바로 본다. 나도 마찬가지다. 참 나가 아무리 소중하더라도 나와 함께 있을 때 소중하다. 잃어버리면 무용지물이다. 안경이 주인과 함께 있을 때 제 역할을 하듯이, 내가 참 나와 함께 있을 때 헤맴에서 벗어나 세상을 올바르게 보는 지혜가 생길 것이다.

안경은 주인을 찾으려고 언제나 눈을 뜨고 있다. 언젠가는 길이 보일 것이라는 확신 하나만으로, 명상하듯 고요히 오늘도 바라보고 있다. 바라보는 게 그가 할 수 있는 유일한 길이기 때문이다.

만리향

자연은 어떤 경우에도 사소한 일은 하지 않는다. 인간도 자연의 질서를 따른다면 빈둥거리는 일도 의미가 있을 것이다. 숨 쉬는 일도 중요한 일 중의 하나일까. 내가 생명을 유지함으로 존재의 가치가 있는 것은 아닐까.

국민을 위한다는 정치인의 말은 귀가 아플 정도로 듣는다. 정치인뿐만 아니라 언론에 나오는 사람들 치고, 자신의 행위가 모두를 위한 것이라고 주장하지 않는 사람은 거의 없다. 과연 그들은 모두의 평안과 안녕을 위하는 것일까. 어떤 것이 이익인지 손해인지 모르겠다. 그래도 그들은 그렇게 적극적으로 일에 달려든다. 난 그냥 숨 쉬는 일 외에는 하는 것이 없는 듯 편치 못하다. 도대체 무엇 때문에 사는지 모르겠다.

칙칙한 장마철과 뜨거운 여름이 지났다. 아침이 서늘한 계절이 오면 금목서는 어김없이 황금빛을 띤 아주 작은 꽃을 피운다. 맨땅에서 새싹이 나오듯 회색 나뭇가지에서 황금빛 향기가 나온다. 꽃은 가지에 옹기종기 모여 이야기하듯이 붙어 있다. 숨어 있지는 않지만 자신을 다투어 드러내려고도 하지 않는다. 그래도 향기는 날카롭고 쏜살같아 만 리를 거뜬히 간다. 그래서 만리향이라고 부른다. 작은 고추가 맵다는 말이 있듯이 향기는 고샅길을 가득 메운다. 소슬바람이 불면 가을 여심을 흔들어 놓기에 충분하다. 이 꽃향기에 취해 사랑의 추억을 더듬어 보면 어떨까.

갈바람이 골목길을 지날 때 만리향은 가을을 달군다. 만리향이 벚꽃 · 목련같이 봄에 핀다면, 요란하고 화려한 색깔에 묻혀 은은한 향기는 존재조차 못 느낄지도 모른다. 늦가을에 피어서 더 정답다. 보는 아름다움에 혹하지 않는 게 중년의 꽃 같다. 모습은 수수하고 소박하지만 향기는 늘 싱싱하고 새롭기 때문이다. 만리향은 가을의 향기며, 중년의 향기다. 세월의 주름살을 타고 넓고 푸른 잎을 향하여 느긋한 강물같이 흐른다.

만리향은 오렌지 같은 목소리로 길가는 사람들에게 자분자분 말을 건넨다. 아름다운 소리의 정체를 파악하느라 고개를 연신 좌우로 돌린다. 거칠고 투박스럽게 생긴 중년 아줌마가 걸음을 멈추고 묻는다. “꽃 이름은 뭐요?” “금목서 입니다.” 처음 듣는 이름인 듯 고개를 갸웃거린다. 향기가 없다면 그냥 지나치기 쉽다. 보기 좋은 꽃보다 향기 좋은 게 멀리가고, 많은 사람들을 행복에 젖게 한다. 장미같이 생기지 않았지만 만리향 향기가 감도는 아줌마다. “씨앗을 뿌려야 하나요?” “우리 꽃밭에도 하나 심어야지.” 그렇다. 만리향은 아름다움을 전하는 길라잡이다. 이젠 그곳에도 향기가 가득 하겠구나.

서너 살 손자와 할머니가 이야기하면서 골목길을 올라오고 있다. 할머니는 만면에 웃음을 머금고, 손자는 할머니를 쳐다보면서 무언가 말한다. 대화라기보다 손자가 칭얼대는 것 같다. 가까이 오자 할머니의 목소리가 들린다. "나오면 사달라고 해." 그렇지만 싫지 않는 다정함이 보인다. 엄마라면 어떻게 했을까. 작고 부드러운 목소리로 말하는 할머니의 웃음은 만리향 같다. 내리사랑의 따뜻하고 부드러운 향기를 본다.

만리향의 작은 꽃을 발견하지 못하고 가는 이도 있고, 발견한 사람은 향기에 비해 초라한 작은 꽃에 놀란다. 무관심한 이들은 골목길을 겨울 칼바람같이 빠져 나간다. 바삐 사라지는 그들은 어디로 갈까? 어차피 사라질 텐데. 그렇게 서둘러 사라지려고 하는가. 여기에 향기가 있는데. 이 향기의 놓침은 순간의 놓침이 아니라 영원한 놓침인데. 안타까움이 절로 일어난다. 아파트와 자동차는 가질 수 있지만 향기는 소유할 수 없다. 바로 지금 이 순간 느껴야 하는데. 행복도 이와 같이 않을까 하는 생각이 일어난다.

만리향은 골목길을 변화시킨다. 하지만 그는 자신만의 좁은 공간에서 한 번도 벗어나 본적이 없다. 그러니 남을 위해서 일을 한다는 것은 어림도 없는 짓이다. 그저 계절에 따라 변화할 뿐이다. 비가 오면 비를 맞고, 눈이 오면 눈에 덮인다. 낮에는 햇살에 몸을 맡기고 밤에는 달빛을 품는다. 게걸스럽게 먹지 않고 맑은 영혼을 마신다. 만리향도 아이들 같은 맑은 바람이 있을지 모른다. 홀로 있으면 외로워 도란거리며 이야기를 나눌 친구가 필요할지 모른다.

만리향은 누구를 위하여 꽃을 피우지 않는다. 그냥 숨 쉴 뿐이다. 아름다움을 품고 있는 향기 그 자체만으로 우리를 미소 짓게 한다. 그 향기로운 삶에 저절로 고개 숙여진다. 보상도 바람도 없다. 남을 해치지 않고 괴롭히지 않는다면 그것만으로 가치 있지 않을까. 그것만으로 행복하지 않을까. 무엇을 해야만 무엇을 위해서 살아야만 중요한 삶이라고 하겠는가. 어쩌면 무엇을 위한다는 것 자체가 위선이 아닐지. 지금 이 자리에서 삶의 향을 품고 만리향처럼 충실하게 살아가는 것이 가장 가치 있는 삶이 아닐까. 우주적인 사랑이란 바로 이런 게 아닐까.

오늘, 만리향 그늘에서 친구에게 편지를 쓴다. 만리향 향기를 함께 맡고 싶으나 보낼 방법이 없다. 편지에 묻은 향기가 마르기 전에 도착하면 좋겠다. 우정의 향은 꼭 함께 있어야 느낄 수 있는 게 아니듯이, 향기는 맡는 게 아니라 온 몸이 귀가 되어 들을 정도로 느껴야 한다고 한다. 그래서 옛말에 문향聞香이라고 했지 않는가. 식물은 서로 떨어져 있지만 향기로 대화를 하고 사랑을 나눈다. 그리하여 연리지 같은 나무가 생기지 않았을까.

내 안의 매미 한 마리

매미소리가 들린다. 매미가 한여름 하늘을 향해 걸림 없이 고함을 지르는 것은 땅이 자신의 가슴을 열어주었기 때문이다. 그렇지 않다면 어떻게 연약한 애벌레가 자신의 몸보다 몇천 배 단단한 땅을 헤치고 나올 수 있겠는가. 땅은 자신이 품고 있는 모든 것을 침묵으로 사랑한다.

매미 소리가 들린다. 언제부터 내 안에 살고 있었는지 모른다. 아무도 모른다. 내 안에 있지만 나도 모르지 않는가. 내가 안 것은 태초가 아니라 소리를 듣고 나서부터였다. 어느 날 정적을 깨는 소음에 귀를 막아 보지만, 막을수록 고요할수록 더 크게 들린다. 운명 같은 이명耳鳴, 피할 수 없는 고통을 받고서야 깨달았다. 매미 한 마리가 귀속에 들어간 것이 아니라 내가 매미 한 마리를 키워왔다는 것을.

산꾼은 산에 홀로 걷기를 좋아한다. 산과 대화하기 위해서다. 산의 언어는 묵언이다. 산에는 산새 소리, 솔잎의 노래, 시냇물 굴러가는 소리, 많은 소리를 듣는다. 하지만 홀로 침묵하지 않으면 들어도 들을 수 없다. 침묵할 때만이 그들은 산과 함께 있고, 산의 소리를 듣는다. 그놈도 자기만의 언어인 침묵으로 말했으나, 욕망의 굴레를 굴리며 살아온 나는 귀를 막고 살았다. 어리석은 나는 함께 살고 있으면서도 몰랐다.

그놈은 침묵으로 안 되니, 한여름, 매미가 되어 느티나무 아래에서 떼 지어 고함을 질렀다. 그래도 난 몰랐다. 눈으로 보고 소리로 듣고서도 몰랐다. 육칠 년 굼벵이의 삶에서 벗어나 날개를 달고 하늘을 가르며 일성을 질렀는데. 그것이 나를 향한 것인지 정말 몰랐다.

신호를 보냈다. 그러나 어리석어서 깨닫지 못하고 귀먹은 채 살아왔던 것이다. 그저 좋은 소리만 들으려 하고, 내 마음에 맞는 소리만 들으려 하였다. 싫은 소리를 들으면 화를 내고, 남의 말에 귀를 기울이지 않았다. 그러니 양약의 쓴맛을 어떻게 알겠는가. 그래도 그놈은 포기하지 않았다. 나를 사랑하기 때문이었다.

매를 맞아야 정신을 차리는 개구쟁이처럼 어쩔 수 없이 나만이 아는 언어로 고함을 지른다. 그때서야 안다, 내 안에 매미 한 마리를 키워왔다는 것을. 오랜 전부터 이미 시작했었는데, 귀도 오래전부터 열려 있었는데, 그때서야 매미 소리를 듣는다. 이제야 가슴이 열린 것일까. 고요와 침묵 속에서 일어나는 은밀한 말은 끝났다. 그러나 진리의 말은 끝나지 않았다. 듣고도 모른다면 그것은 온전히 그놈의 잘못이 아니라, 나의 어리석음을 탓해야 한다.

그놈은 쉰 나이가 되어서야 자신을 드러내었다. 기다리다 지쳐

서 나왔는지, 때가 되어서 나왔는지, 새로운 일을 하기 위해서 나왔는지, 아직은 잘 모르겠다. 매미는 땅 속에서 육칠 년을 있다가, 한여름 마지막 할 일을 하기 위해서 일성을 지르며 나온다고 한다. 이젠 나도 한 철만을 남겨 놓았는지 모른다.

매미는 또 다른 나다. 그놈이 없을 때는 난 그냥 살았다. 어떻게 살았는지 모른다. 그놈을 아는 순간 난 홀로가 아니라 또 다른 나를 발견한다. 그놈을 알고 난 후, 그놈의 정체를 알기 위해 그놈 깊숙이 파고들었지만, 도대체 알 길이 없다. 오직 소리만 있을 뿐이다. 그것마저 가까이 다가가려고 하면 사라진다. 소리가 안 들릴 때는 죽었는지 어디로 가버렸는지 궁금하여, 호흡을 가다듬고 귀를 기울이면 어김없이 나타난다. 귓바퀴에 앉아 넌지시 딴청부리듯 운다. 마치 '찾지 마라. 난 어디 가지 않는다. 나의 집은 여기다'라 하는 것 같다.

내가 내 얼굴을 직접 볼 수 없듯이 나는 나의 매미를 직접 볼 수 없다. 단지 소리만으로 안다. 내가 관심을 기울이면 더욱 시끄럽게 운다. 무관심하면 조용하다. 피로하거나 신경이 과민해져 삶이 빡빡해지면 매미는 더욱 요란스럽게 울어댄다. 마치 갓난아기가 자신이 말하고자 하는 것을 울음으로써 표현하는 것처럼.

내 안의 매미는 무엇을 위해 밤낮으로 우는가. 현명한 엄마는 아기의 울음소리 한 번만 들어도 무엇을 원하는지 알지만, 어리석은 나는, 함께 있는 나의 소리를 시시각각 듣고도 모른다. 눈에 콩깍지가 끼이면 안 보이듯이 귀에도 무엇이 끼인 걸까. 한 철의 매미는 쉬기도 하지만 이놈은 쉴 줄을 모른다. 그 정도로 열정으로 우는 것은 무엇 때문일까. 매미 같이 인생도 한 철과 같다고 생각하기 때문일까.

매미 소리가 들린다. 그것은 어둠 속에서 뛰쳐나오는 형벌의 소리인지 빛의 소리인지 모르겠다. 그렇다고 맴맴 거리는 소리를 다른 사람은 듣지 못한다. 나만의 소리다. 불행 · 행복 · 자유 · 깨침도 나만이 알 뿐이다. 내가 아무리 자세히 설명해도 그것은 피상적이고, 관념적이지 실제로 있는 게 아니다. 비록 내가 체험했다고 해도 나만의 체험일 뿐이다. 다른 사람도 나처럼 매미 한 마리를 키운다고 해도 그것은 그의 매미일 뿐이다.

매미소리는 내 안의 또 다른 나의 소리며, 살아있다는 증거다.

길고양이

집 뒷마당에 사방이 막힌 작은 텃밭이 있다. 대추나무 · 포도나무 · 감나무가 도란거릴 정도로 모여 있다. 햇빛은 오후 내내 머물다가 해질 무렵이면 인사도 없이 가버린다. 남향이라 겨울에도 바람이 없고 따뜻하여 뒷마당은 나의 또 다른 보금자리이다. 오후의 햇살에 온 몸을 맡기고 포근한 사랑의 기운이 마음의 끝까지 씻어가는 과정을 감상하곤 한다. 그리스의 통나무 철학자 디오게네스가 알렉산더대왕에게 "내게 그늘이 지지 않도록 비켜주는 것이요"한 말씀은 햇살의 사랑이 얼마나 안락을 줄 수 있는가를 알 수 있다. 오로지 고요함과 평화스러움만이 그윽하다.

겨울은 갔지만 대추나무 가지에는 아직 찬 기운이 걸려있는 어느 날 오후였다. 여느 때와 같이 따뜻한 햇살의 사랑을 누리기 위해 뒷마당으로 걸어갔다. 하얀 고양이가 깜짝 놀라 뒷집과 벽 사이 틈으로 도망쳤다. 놀란 것은 나도 마찬가지였다. 얼마 후, 햇살을 즐기기 위해 뒷마당에 가니 하얀 고양이가 배태한 채 나의 보금자리에 앉아 있다가 틈 사이로 사라졌다. 고양이도 햇살과 사랑을 나누는 법을 알고 침묵을 즐기는 것 같았다. 홀로 햇살이 머문 자리에 명상하듯이 천천히 걷고, 고요히 엎드려 꼼짝하지 않는 것이 구도자와 닮았다. 아니 정말 구도자인 줄 모른다. “당신은 도둑고양이요?” 하고 물었다. 고개를 들고 눈을 초승달같이 가늘게 뜨면서 설핏 미소 짓는 얼굴로 하품을 한다.

바람에 찬 기운이 사라질 무렵 뒷마당에 가보니 어미 고양이와 까만색 새끼 두 마리, 하얀색 새끼 한 마리가 놀고 있었다. 새끼는 정말 귀여웠다. 더러운 돼지 새끼도 귀엽다고 하지 않는가. 그것들은 세속에 물들지 않고 순수하고 맑기 때문이 아닐까? 우리 집 뒷마당을 택한 것은 잉태한 고양이는 새끼를 낳을 따뜻한 보금자리가 필요했고, 뒷마당이 가장 적합했던 것 같다. 명당을 알아보는 것은 동물의 본능인가 보다. 나의 인기척을 느꼈는지 어미고양이는 본능적으로 피하고 새끼고양이는 어미 따라 집과 담의 틈 사이로 사라졌다. 이제 뒷마당에 가는 것은 어미와 새끼 고양이를 놀라게 하는 것 같아 햇살의 사랑방 자리를 물려주기로 했다. 내가 스스로 베푼 것이 아니라 그들이 스스로 사랑방을 차지했고, 또한 강제적으로 비우라고 할 수 없는 형편이기 때문이었다.

어미 고양이는 세 마리 새끼를 키우기 힘들었던 모양이었다. 검은색 두 마리는 건강한 데, 하얀색 한 마리는 먹지 못해서 비실비실했다. 같은 가족이라도 나누어 먹는 것이 아니라 힘센 자가 먼저 차지하는 것 같았다. 어미 고양이는 먹이만 갖다 줄 뿐, 새끼들은 스스로 알아서 먹이를 챙겨 먹을 뿐이었다. 약하다고 보살펴 주는 관심과 어설픈 사랑은 없다. 이 세상은 스스로 이겨 나가야 한다는 진리의 가르침에 대한 앎은 새끼 고양이 자신의 몫으로 남겨 두는 것 같았다. 이겨내지 못하면 거친 벌판에서 살아 갈 수 없다는 것을 어미 고양이는 이미 알고 있었던 것이다. 무관심이 가르침인가보다. 덩치도 차이가 났다. 보다 못해 기사 아저씨가 집에 남은 음식을 주기 시작했다. 그래도 약한 하얀 고양이는 힘에 밀려 먹기 어려웠다. 어쩔 수 없이 하얀 고양이만 살짝 독상을 차려 주었다.

바람에 포근한 기운이 생길 무렵, 어미 고양이와 까만 새끼 고양이는 보이지 않고, 새끼 고양이 중 제일 힘이 약한 하얀 고양이가 초대받지 않는 햇살과 함께 자기들 사랑방인 양 포근한 뒷마당을 차지하고 있었다. 하얀 고양이는 어느새 기사가 주는 먹이의 족쇄가 되어 마치 말뚝에 줄이 매여 있는 강아지 같았다. 그가 주는 먹이만 먹지 스스로 음식을 찾으려고 별다른 노력을 기울이지 않고, 쥐도 잡지 않는 것 같았다.

들고양이에서 집괭이로 변해가고 있었다. 야성은 서서히 먹이에 속박되고 숨어버렸다. 인간은 고양이를 자신의 이익을 위하여 애완동물로 만들지만 모두 애완용이 되는 것은 아니다. 강한 놈은 야생동물로 돌아가지만, 약한 놈은 의지해서 애완동물로 변해버리는 것이다. 각자의 욕심이 맞아야 애완동물이 되는 것이 아닐까.

두 마리 까만 고양이는 안락과 평안한 보금자리를 버리고, 거친 벌판으로 걸어들어 갔다. 들고양이는 집근처의 쓰레기봉투를 찢거나, 생선을 훔쳐 먹기도 하며 배고픔을 해결한다. 그래서 도둑고양이 또는 길고양이이라고 부른다. 고양이는 혼자 다닌다. 배고픔만 해결되면 햇살이 있는 날은 자는 듯 웃는 듯한 얼굴로 따뜻한 햇살을 즐긴다. 흐린 날은 앉아 있기가 설렁한지 어슬렁거리며 다닌다. 차 밑에서 잠시 쉬고, 담으로 뛰어 오르고, 풀밭에도 간다. 그것이 전부다. 고양이의 생활은 단순해서, 어떤 곳에도 속박 당하지 않는 것 같았다.

들고양이는 쥐의 발자국에 소리에 귀를 기울이고, 등을 곧추 세우고 공격을 준비를 한다. 용케 쥐를 잡으면 포식하는 날도 있다. 강한 자는 야성을 지키며 독립적으로 당당하고 자유롭게 살아간다. 야생성은 자연의 법칙에 따르기에, 어느 것에도 걸림이 없는 자유를 의미하는 것이 아니겠는가.

고양이는 먹을 것을 모으지 않는다. 있으면 먹고 없으면 굶는다. 쥐도 무조건 잡지 않는다. 배가 고프면 잡는다. 백수의 왕, 사자도 배가 부르면 먹을 것이 앞에 있어도 잡아먹지 않는다고 한다. 유독 인간만이 배가 불러도 먹고, 더 나아가 모으고 소유하려고 한다. 뒷마당에 가면 하얀 고양이가 잡은 쥐가 가끔 보인다. 그러나 먹지를 않는다. 그냥 두면 썩기 때문에 기사가 쥐를 뒷마당의 텃밭에 묻는 경우가 가끔 있다. 고양이는 쥐를 보관하려하지 않기 때문에 그것에 의지하지 않는다. 의지하지 않기에 얽매이지 않고 독립적으로 당당하게 살아간다.

처음부터 집괭이가 아니었다. 인간의 손맛을 알기 시작하면서 길들여져 집괭이로 변했다. 집괭이로 되었다고 해도 야생성이 없어지는 것은 아니다. 상황과 조건에 따라 변화할 뿐이다. 언제가 자신의 본성이 위협을 받을 때는 야생성을 수면 위로 떠 올리고 등을 곧추 세울 것이다. 고양이가 사람을 피하는 것은 두려워서가 아니라 야생의 본능이다. 피할 조건이면 피하고 부딪힐 조건이면 부딪힌다. 선택은 고양이가 스스로 한다. 쥐를 잡을 때도 있지만 먹지 않는다. 쥐 사냥은 먹이 사냥이 아니라 억압되어 있던 야생 본성의 표출이다. 고양이가 뒷마당에 살고 나서부터는 쥐가 사라졌다. 들고양이가 집괭이가 되었더라도 야생 본성은 사라지지 않는다는 증거가 아닐까.

새벽도 열리기 전에 허리가 기역자가 될 정도로 등 굽은 할머니가, 지팡이도 없이 종이 박스를 줍기 위해 길고양이같이, 소리도 없이 천천히 어둠살을 헤치며 길을 나아간다. 처음에는 연민의 정을 느꼈다. 그런데 어느 날 길고양이를 보고 닮았다는 것을 깨달았다. 길고양이같이 자신의 삶을 개척하기 위하여 남보다 먼저 어두움을 깬다. 종이 박스를 줍는 것은 의지하지 않고 얽매이지 않으려는 독립과 자유의 표상이 아닐까. 낮에는 따뜻하고 바람이 없는 뒷골목에서 등 굽은 할머니는, 가슴에 무릎이 닿을 정도의 자세로 앉아 햇살의 포근함을 즐긴다. 마치 길고양이 같다. 거기서 나약하고 동정적인 감정이 일어난다면 속박과 의지에 익숙하고 욕망만을 추구해 온 자들의 몫일 것이다. 그런 그들이 어떻게 진정한 야생성의 의미를 알겠는가?

길고양이는 홀로 다니면서 외로움과 침묵을 이겨낸다. 오늘도 낫같이 등이 굽은 할머니는 종이 박스를 줍기 위해 홀로 새벽을 간다. 낫 같이 등이 굽은 할머니의 뒷모습은 먹이를 공격하려는 길고양이가 등을 하늘이 닿을 정도로 곧추 세운 자세를 닮았다. 등 굽은 의미는 연민의 대상이 아니라 먹잇감을 포착한 강한 야생성의 표상이다. 굽은 등 위로 하늘을 치솟는 빛을 볼 지혜의 눈을 가지면 얼마나 좋겠는가.

가장 소중한 것

의사자義死者 이수현 추모비. 부산어린이대공원 내 학생교육문화회관 앞뜰에, 일본 도쿄 신오쿠보 지하철 역에서 선로에 떨어진 일본인 취객을 구하려다 숨진 이수현 님의 추모기념비가 있다. 의로운 죽음은 나에게 삶의 의미를 던진다. 그곳엔 많은 사람들이 있었을 텐데. 그 광경을 그만 보았단 말인가. 목숨을 잃을지도 모르는 상황이었을 텐데. 왜 그가 몸을 던졌을까.

우리는 알게 모르게 매 순간 선택하면서 살아간다. 그 순간은 자신이 갖고 있는 모든 역량을 발휘하여 최고로 유익하고 가치 있는 것을 선택한다. 옳은 결정과 나쁜 결정이라는 것은 결과에서 나온 구분이지, 선택에서 나온 것은 아니다. 최악의 결과가 나오더라도, 심지어 목숨을 잃더라도 최선의 선택을 한 결과다. 차선의 선택은 하지 않는다. 어떤 결과라도 소중하지 않는 게 없다. 그 중에서 가장 소중한 것은 어떤 것일까.

사십 대, 주부사원을 관리 할 때였다. 교육 시 주부사원들에게 질문을 한 적이 있었다. 깊이 생각하지 말고 질문에 답을 해달라고 부탁하였다. "현재 가장 바라는 것은 무엇입니까?" 자식 공부 잘하는 것, 자동차를 새로 사는 것, 부자가 되는 것, 남편이 출세하는 것, 맛있는 음식 먹는 것—마치 수다 떨듯이 거침없이 뱉어내었다. 생각하지 않고 말하라고 하니 평소에 늘 간직한 장삼이사張三李四의 소박한 일상이 봇물 터질듯 흘러나왔다. 물질적이고 감각적이지만 현실적이고 실질적인 것이다. 이것은 우리의 생명을 지탱하게 하는 원동력이다. 이것을 향해 우리는 매일 달려가고 있지 않는가.

생각할 시간적인 여유를 주기 위해 잠시 쉬었다가 다시 물었다. "세상에서 가장 중요한 것은 무엇입니까?" 그러자 감각적인 만족보다 좀 더 근원적으로 다가가는 것 같았다. 남편과 자식 그리고 자신의 건강 쪽으로 말하였다. '천하를 얻어도 건강을 잃으면' 이라는 말이 있듯이, 아무리 돈이 많아도 남편이 출세를 해도 자식이 공부를 잘해도, 병이 들면 아무 소용이 없다는 것을 안 것 같았다. 또한 내가 병이 들고 고통스러우면, 부자가 되고 남편과 자식이 아무리 건강한들 무슨 소용인가. 남편과 자식의 행복은 자신이 행복하다는 전제 아래 나온 답이다.

찻물을 올리고 찻물 끓는 소리에 마음을 모은다. 차 한 잔 마시면서, 다시 물었다. "정말 자신의 건강이 세상에 가장 소중합니까?" "더 소중한 것은 없습니까?" 이삼 분 침묵이 흐르고 한 명이 대답을 한다. "냅니다." "내가 끝입니까?" 다시 침묵이 흐른다. 그녀들의 생각으로는 더 이상 갈 때가 없는 것 같았다. 그렇다. 내

건강도 내가 살아있어야 건강이 필요하지 내가 없다면 건강이 무슨 소용인가. "그 소중한 자신에 대해서 얼마나 알고 있습니까?" 대답이 없다. 나도 벽에 부딪힌 것처럼 멍멍하다. 하지만 자신의 소중함을 확인한 것만으로 큰 수확이다. 문을 열고 나서면 마음은 자기에게 머물지 못하고 다시 밖으로 좇아갈지언정.

주부들은 자신의 안위는 뒷전이었다. 자신은 당연히 별다른 문제가 없다고 생각하기 때문일까. 가족의 행복이 그의 행복이라는 사랑 때문일까. 잔소리하고 욕심내고 화내는 것도 그가 건재하다는 것을 염두에 두었기 때문이다. 우리는 그런 나의 존재에 대해서 깊이 통찰해 본적이 있는가. 우리는 자기를 잘 아는 것 같지만 자신을 말하라고 하면 오히려 남보다 더 아는 게 없다. 그래서 자신에 대해선 침묵하고, 남에 대해선 많은 말을 하여 분쟁의 씨앗을 만드는지 모른다.

마지막 질문이라고 강조하며 다시 물었다. "자신 중에서 가장 중요한 것은 무엇입니까?" 건강 · 출세 · 돈이라고 한다. "아닙니다. 자신에게 가장 중요한 것은 생명입니다." 놀라는 기색이 전혀 없다. 생명은 성자 · 부랑자 · 부자 · 거지 · 장애자, 모든 인간에게 골고루 부여되어 있다. 살아 있는 생물에게도 모두 평등하다. 그것은 모르는 사람이 없을 뿐만 아니라, 자신을 부정하고서는 질문 자체가 될 수 없기 때문에 생각조차 하지 않는다. 그러니 자신이 소중하다고 생각하기는 더 더욱 어렵다.

나는 우주의 근원이다. 내가 없다면 다른 것이 존재하든 하지 않든, 가치가 있든 없든 필요가 없다. 데카르트는 "모든 것은 가상이라 해도 그렇게 생각하고 있는 나는 분명히 존재하고 있는 것이 아닌가. '나는 생각한다. 그러므로 존재한다.'"라는 유명한 말을 남겼다. 가장 소중한 것은 나다. 그런데 나와 나의 것 중에서 우리는 나의 것에 대해서 더 가치를 두고 있다. 나는 너무나 확실한 존재이기에 소중함을 잊어버리고 살아가고 있다는 모순이 나온다. 마치 공기나 물 같이….

주부사원들에게 질문은 끝났지만 내 마음속엔 질문은 계속 되었다. 내가 존재하기에 세상에 존재하는 것들의 가치가 드러난다. 어떤 생명이든 저울에 단다면 가치는 같다고 한다. 그런데 그런 소중한 자신의 목숨을 초개같이 버린 자들이 있다. 감옥 복역 중에도 독립만세를 부르다가 옥사하신 유관순 열사. 육이오 때 군인으로 자진 입대하여 전쟁터에 나간 학도병. 기찻길에서 노는 아들 두 명을 구하기 위하여 달려오는 열차에 몸을 던지 어머니. 국가도, 자식도 연관이 없는데도 자신의 목숨을 던져 일본인을 구한 이수현 님. 그들의 행위는 세상에서 가장 소중하다는 나보다 더 소중한 것이 아닐까.

그가 몸을 던질 때, 내 목숨을 잃을까 잃지 않을까, 일본인일까 한국인일까, 그 어떤 생각도 하지 않았을 것이다. 생명을 구하겠다는 일념으로 몸을 던졌을 것이다. 그 생각마저 없었을지도 모른다. 자신의 생명이 소중하면 다른 사람의 생명도 소중하다는 것을 그는 이미 알고 있었기에 기꺼이 몸을 던질 수 있었을 것이다. 그는 몸을 던져 사람을 구한 게 아니라 생명을 구한 거다. 생명이 진리라는 것을 행동으로 보여주었다.

등산하면서 거대한 암벽의 절벽에, 고층빌딩 유리 닦는 사람같이 붙어 있는 구부러진 작은 소나무를 발견하면 한참 보고 간다. 바위 틈새에서 생명을 이어가는 강인함에 그저 놀랍다. 바위는 단단한 가슴으로 절벽과 칼바람의 악조건 속에서도, 부드럽고 연약한 뿌리가 바위의 틈새를 따라 생명을 이어가도록 소나무를 품는다. 자연은 늘 서로 마음을 열어 놓고 있다. 이것이 바위와 소나무의 아름다운 관계이다. 이것은 취객을 구한 이수현 님의 행위와 무엇이 다른가.

생명은 낙숫물이 쇳덩이를 뚫듯이 부드러우면서 강하고, 강물의 흐름같이 한 순간의 단절도 용납하지 않고, 어디에도 걸림 없이 자유롭게 흘러간다. 세상에서 가장 소중한 자신마저 던져버릴 수 있는 것은 생명의 소중함에 있다. 우리가 나만이 중요하다고 생각만 하지 않는다면….

거울 속의 나

여자들은 외출할 때 거울을 본다. 그것도 모자라 손거울을 들고 다니면서 자신을 본다. 거울을 통해 본 자신의 모습에 만족할지 모른다. 아니 만족할 때까지 몇 번을 본다. 길거리의 쇼윈도에 자신을 비춰보고, 희미하게 보이는 모습에 비교적 만족감을 느낀다. 아니 만족할 때까지 몇 번을 비춰본다. 거울 속의 나와 실재의 내가 같은 줄 안다.

마음을 맑게 하면 삶이 가볍고 자유롭다. 어떤 사람은 마음이 맑으면 향기가 난다고 말한다. 목욕을 하면 몸만 깨끗한 게 아니라 마음까지 맑아지고 새롭다. 목욕탕 안에는 거울이 수십 개가 붙어있다. 거울 하나하나에 많은 나를 비춰보는 재미가 쏠쏠하다. 그것도 평소에는 볼 수 없는 발가벗은 자신의 모습을 볼 수 있으니까. 맑은 마음으로 보면 많은 거울 중에서 가장 나와 비슷한 모습을 찾을 수 있을는지.

목욕탕은 변신의 힘이 있다. 지저분하고 초췌한 모습을 반지르르한 모습으로 바꾼다. 개운한 마음은 덤이다. 거울을 보면서 육체미 대회를 하는 것처럼, 두 팔을 올리고 가슴에 힘을 주어 역삼각형으로 해본다. 골체미라는 것을 알지만 그런대로 만족한다. 못난 여자들이 자신이 못난 줄 알지만 그런대로 만족하며 살아가는 것과 별 다를 바가 없다.

못난 사람은 자신이 잘났다고 생각하지 않는다. 그러나 좀 못났지만 밉상은 아닐 거라고 생각할 것이다. 자신을 못났고 밉상이라고 말하는 사람은 말과 속내가 다를지 모른다. 그만큼 우리는 자신을 사랑하는 햇살 같은 따스함이 있어 못나도 추위를 이겨내는 것처럼 견딘다. 부부 간에도 오래 살다보면 못난 사람도 얼굴이 익어 별로 못나게 보이지 않는다고 한다. 어버이와 자식 사이에도 자기 자식은 못났다고 생각하지 않는다. 자기도 거울을 자주 보면 눈에 익어 그렇게 못나게 보이지 않는다. 이것이 우리의 사랑법이 아닐까.

거울을 보는 것은 자신을 사랑하기 위한 훈련이 아닐까. 외모에 치중하고 화장을 하는 이유도 남에게 잘 보이기 위해서가 아니라 자신을 사랑하기 때문이 아닐까. 또한 아줌마들이 더 독하게 삶을 꾸려나가는 이유도 자기사랑 때문일 것이다. 반면에 자기의 집착으로 자기 밖에 모르는 어리석은 행위도 한다. 자식도 자기가 산고를 겪고 낳았기에 아버지보다 더 사랑하는 게 아니라, 거울 속의 또 다른 나를 사랑하듯이 그렇게 사랑하는 것인지 모른다.

여자가 남자보다 삶에 독하게 견딜 수 있는 힘은 자신을 사랑하는 힘이다. 자신을 사랑하는 사람이 남도 사랑하고, 삶도 진실하게 다가간다. 남자보다 여자가 문학 · 예술 · 언어적인 방면에 두각을 나타내는 것은 자신을 사랑하는 훈련 덕분이다. 그것 때문에 여자가 남자보다 사랑과 연민이 깊지 않을까.

거울은 모두 다르다. 같은 거울이라도 낮과 밤이 다르고, 거울을 보면서 어떤 경우는 자신이 '제법 잘생겼네.' 하며 웃음을 짓고, 어떤 경우는 '왜 이렇게 말랐나.' 하며 어정쩡한 표정을 짓기도 한다. 매일 같은 시간에 보는 거울도 다르게 느껴진다. 약간 뚱뚱하게 나오고, 약간 여위게 나오고, 키 크게 나오고, 키 작게 나오고, 거울마다 특색이 있다. 나는 그 중에서 약간 뚱뚱하게 나오는 거울 앞에 서서 나를 비춰본다. 자신의 잘난 곳만 쳐다보면서 '이 정도면 되겠지.' 하며 흐뭇해한다.

언젠가 쇼윈도에 서서 길 가는 사람들을 바라본 적이 있다. 바삐 가는 사람은 쇼윈도에 자신을 비춰 볼 여유도 없이, 앞만 보고 종종걸음으로 달리듯이 간다. 몇몇은 쇼윈도에 자신을 비춰보고 간다. 자신의 모습을 찾는다고 내가 쳐다보고 있는지도 모르고 있다. 사람이 아니라 마네킹정도로 보았는지 모른다. 하긴 자기도 쳐다볼 시간조차 없는 초고속 시대에 살고 있는 그들이, 남에게 관심을 기울일 여유가 있겠는가. 간혹 유리창에 비춰보다가, 자신을 쳐다보는 나를 발견하고는 깜짝 놀라서 황급히 가버린다, 마치 자신의 치부가 들킨 사람처럼.

화장을 지운다. '내 신부 맞는가?' 라고 할 정도로 여자의 화장술은 카멜레온 같이 변장술이 뛰어나다. 화장하여 변경된 모습에서 자신의 아름다움을 찾아내고는 흐뭇해한다. 누가 뭐라고 해도 자신은 미인이라고 생각한다. 그런 미인이 길거리를 나가고 유리창을 통해서, 심지어 자동차의 백미러를 통해서 미인을 발견하려고 애쓴다. 그러면 언젠가는 미인을 발견한다. 그렇기 때문에 못난 사람도 살맛이 나는 게 아닐까.

우리는 거울을 통해 무엇을 보는 것일까. 자신의 겉모습만 보고, 그 중에서 잘난 곳만 찾으려고 안간힘을 쓰고 있다. 못나면 잘날 때까지 고치고 숨기고 화장하고……그렇다고 자신의 모습이 변하는 것일까. 내가 보는 저 사람의 모습은 본 모습일까. 거울을 통해 본 나의 모습은 모두 다르게 나타나고, 나를 보는 사람도 사람마다 다르게 느낀다. 참 나의 모습은 무엇일까.

사과를 검은 색으로 칠하든 흰색으로 칠하든 사과는 사과다. 사과 껍질을 깎아도 사과는 사과다. 누가 뭐라고 해도 나는 나다. 내가 나를 어떻게 보든 나는 여전히 나의 모습 그대로다. 거울 속의 나는 변함없다. 마음의 거울이 변하고, 실재의 거울이 변하고, 내가 변하게 볼 일 뿐이다.

달개비

이건 달개비 꽃이 아닌가. 쌩쌩 굉음을 내면서 돌아가는 팔랑개비 모양의 날카로운 벌초기의 칼날이 멈춘다. 이름을 안다는 것만으로 다른 잡초처럼 꽃의 모가지를 자를 수 없었다.

경북 의성 고향 마을 뒷산 공동묘지에 안치되어 있는 산소에 매년 추석이 오면 벌초하러 간다. 가을인데도 왜 그리 더운지. 삼구의 묘 중 두 구를 끝내면 손아귀에 힘이 빠져 벌초기를 잡을 수 없을 지경이다. 또한 벌초기 칼날은 매우 위험하기에 도 닦는 것처럼 집중력을 필요로 한다. 그런 마당이니 주위에 무엇이 있는지 눈 돌릴 여유가 없다. 그런데 그날은 지금까지 산소에서 한 번도 본적이 없는 달개비가 구석구석 안 보이는 곳이 없다. 안다는 것만으로 세상이 새롭게 열리는 것 같다.

길섶에 흐드러지게 피어있는 콩알만 한 이름 없는 꽃들. 아름다움에도 불구하고 등산화에 짓밟히고 부딪혀 모가지가 꺾인다. 작다는 이유만으로 아무도 관심을 주지 않는다. 무리를 지어 있으면 그런대로 아름다움이 드러날 수 있을 텐데. 아는지 모르는지 허허벌판에서 홀로서기를 좋아하는 야생화들. 그러나 아랑곳하지 않고 걸림 없이 자란다. 조화처럼 크고 아름답게 자라지 않는 것은 인간의 눈길을 먹고 살지 않기 때문이 아닐까.

앙증맞게 푸른 귀를 쫑긋 세운 것 같은 꽃잎을 가진 손톱만 한 야생화가 눈에 확 들어온다. 걸음을 멈추고 같이 가는 산우에게 이름을 물어 보았다. '달개비'라고 한다. '달개비'라는 이름을 입에 넣고 자근자근 씹었다. 오물거리는 그 순간부터 나에게 그것은 살아있는 존재가 된 것이다. 달개비는 방방곡곡 없는 곳이 없다는데. 난 그 이름을 알기 전에는 있는 것조차 몰랐다. '내가 그의 이름을 불러 주었을 때 그는 나에게로 와서 꽃이 되었다'는 김춘수의 '꽃'이라는 시가 생각난다.

우리 집 북향의 담벼락에 붙은 손바닥만 한 화단에 달개비가 서너 송이 가을 하늘을 품고 하늘거리고 있었는데도 몰랐다. 그런데 달개비 이름을 알고 난 후에는 신비스러운 일이 벌어졌다. 밀양 만어사의 물고기 전설을 품은 수많은 바위들을 구경하러 갔을 때, 흙이라고는 한 점 없는 바위들 틈에 숨어 있는 달개비 꽃 한 송이가 눈에 확 들어왔다.

달개비를 보기 위해선 허리를 낮추고 고개를 숙여야 한다. 사랑하기 위해선 자신을 낮추어야 하듯이. 그러면 수탉의 벼슬처럼 생긴 하늘색 꽃잎 두 장과 암탉의 머리 같은 하얀 꽃잎 한 장이 나비같이 날아와 품속에 안긴다. 달개비는 하늘을 닮은 귀를 가지고 있다. 언뜻 보면 푸른 눈이 쳐다보는 것 같기도 하고, 들으려고 쫑긋하게 귀를 세운 것 같기도 하다. 마치 중생의 고통의 소리를 듣는 게 아니라 본다는 관세음보살같이. 내가 이름을 아는 것만으로 달개비가 눈에 보인 것은 보살이 나의 아픔을 헤아려서일까.

나에겐 달개비가 어떻게 생겼는지는 별다른 문제가 안 된다. 중요한 것은 관심을 가지니 보이지 않던 아름다움이 보이기 시작했다는 사랑법이다. 달개비를 알지 못했다면 그냥 뭉그러지는 잡초였을 텐데. 시궁창의 더러운 물도 잡초 같은 들꽃도 하늘의 별같이 가슴에 품을 수 있는 건 오직 관심 때문이 아닐까.

젊은 시절, S그룹에 입사할 때가 생각난다. 기본 교육을 받고 발령을 받기 전에 잠시 휴가를 받아 부산에 왔다. 빌딩 위에 세운 광고판 중에서 S그룹의 것이 왜 그리 많든지. S그룹에 입사하기 전에는 그런 간판을 본적이 없었다. 보았는데 기억이 나지 않는 게 옳은 것 같다.

S전자 대리점을 개업한지 6개월이 지난 어느 날이었다. 한 청년이 점포에 들어왔다. 그 앞을 매일 출퇴근 했는데, S전자 대리점이 있는지 오늘 처음 알았다고 한다. 그 동네의 밤을 밝힐 정도로 간판의 불이 환한데 어째서 6개월 동안이나 눈에 들어오지 않았을까. 그런데 카세트를 사려고 생각을 하니 간판이 눈에 확 들어오더라는 것이다. 마치 달개비가 내 눈에 확 들어올 때처럼.

사실적으로 있든 없든 관계없다. 마음에 와 닿으면 있는 것으로, 닿지 않으면 없는 것이 된다. 나와 달개비는 원래부터 그 자리에 있었지만, 눈으로 아무리 수만 번 보아도 볼 수 없었던 것은 마음으로 품지 않았기 때문이다. 달개비를 보는 순간 난 살아 있음을 느끼고, 나에게 보여주는 순간 또한 그것은 살아 있게 된다. 나와 달개비는 별개로 존재할 수 없다. 사랑은 관심을 가진 자에게만 보인다. 보이면 함께요, 보이지 않으면 이별이다. 함께 있으면 풍요롭고 새로운 삶이요, 이별하면 슬프고 고통스런 삶이다.

달개비가 그 자리에 있는 것은 나에게 사랑법을 가르쳐 주기 위해서가 아닐까. 아무리 하찮은 모기 같은 존재라도 자신의 자리를 지키는 것은 사랑법 때문이 아닐까.

아버지의 밥상

아버지의 밥상은 사각 독상이다. 가부장적인 전통에서 밥상은 또 하나의 아버지였다. 그 밥상은 단순히 밥을 먹는 곳이 아니라 자신을 먹고 자라면서 권위라는 강한 테두리를 만들었다. 그래서 스스로 사각에 가두고 외롭게 살아왔는지 모른다.

어린 시절 우리 가족의 밥상은 원형이었다. 일곱 명이 서로 팔을 부딪치면서도 화목하게 밥을 먹었다. 밥상은 밥을 먹는 곳일 뿐만 아니라, 가족이 생명같이 소중하다는 것도 배운다. 거기엔 나와 네가 없고 우리가 있다. 밥상을 같이 하지 않는 사람은 가족의 의미를 느끼기 어렵다. 분가한 사람은 이미 가족의 테두리에서 벗어나기 시작한다. 차츰 벗어나 그들만의 밥상 테두리 안에서 새로운 가족을 만든다.

왕은 수라상에서 혼자 밥을 먹는다. 크기만큼 권위도 높지만 그만큼 외롭다. 왕은 아들을, 아들은 왕을, 형은 동생을, 동생은 형을 죽인다. 역사가 말하지 않는가. 그에겐 가족은 없는 것이나 마찬가지다. 그러나 왕은 홀로가 아니다. 백성과 함께 있다. 백성의 어버이이기 때문이다. 무소불위의 권력을 가졌지만, 그 대가로 백성의 안녕과 행복을 책임져야 한다. 그래서 왕이다. 책임감이 없는 왕을 진정한 왕이라 할 수 있겠는가. 왕의 권위는 책임의 다른 이름이다.

아버지의 밥상은 권위가 있다. 바람 부는 대로 이리저리 부딪히는 갈대같이 몸과 마음이 피곤에 지쳐도, 아버지는 가장으로서 책임을 다한다. 자신이 하고 싶은 모든 것을 억제하고, 오로지 가족의 행복을 위해서 일생을 바친다. 특히 자식의 발전을 위해서라면 허드레 같은 일도 부끄러워하지 않고 피땀 흘리며 일한다. 울고 싶어도 참았고, 도저히 눈물을 막을 수 없는 처지에는 오직 당신의 밥상에서 운다. 그는 독상을 받는 가장이기 때문이다.

어릴 때 가장의 권위는 대단했다. 아버지 말에 복종했고, 나쁜 짓을 하면 어머니는 아버지에게 일러준다고 하며 겁을 주었다. 밖에서 아무리 못된 아들도 아버지는 겁을 내었다. 그땐 아버지의 권위도 사회의 질서도 살아 있었다. 요즘 똑똑한 엄마들이 가장의 권위를 무너뜨린 경우를 종종 본다. 가장이 권위를 잃으면 누가 자식들을 이끌 것인가. 권위가 나쁜 것만은 아니다. 아버지를 무서워하지 않는 자식이 밖에서 무엇을 두려워할까. 그래도 두려운 사람 한 명 정도는 있어야 하지 않겠는가. 권위는 일종의 질서고 방패막이가 될 수도 있다.

요즘은 같은 밥상에서 식사한다. 그렇다고 아버지의 권위가 사라지는 것은 아니다. 어쩌다 함께 식사를 할 때 대화라도 나누었으면 좋으랴만. 그것마저 여의치 않다. 모두들 바쁘기 때문이다. 권위와 대화가 사라진 아버지는 무엇일까. 밖으로만 돌 수밖에 없는 오늘의 아버지. 날개 꺾이고 늦가을 비에 젖은 용두산 공원의 비둘기가, 이순신 장군 동상 머리 위에 앉아 날갯짓을 하는 이유를 알 것 같다. 아버지는 홀로 떨어진 무인도의 섬같이 고개를 떨어뜨리고 사방에서 밀어붙이는 파도를 야윈 작은 등짝으로 맞고 있을지 모른다.

벤치에서 김밥을 안주 삼아 소주를 마시는 중년남자를 보며 생각에 잠긴다. 보통 돈과 명예가 높을수록 권위도 높아지고, 돈과 명예를 잃으면 그 권위도 따라 사라진다. 집안에서도 마찬가지다. 그러나 아버지의 권위도 사라질까? 아버지의 권위는 색깔이 다르다. 죽어서도 영향을 미치는 절대적이고 영원한 권위다. 밖의 그들은 돈과 명예만 지키면 권위가 유지되는 줄 알기에 수단과 방법을 가리지 않는다. 하지만 아버지의 권위는 자신의 밥상만 지키면 된다.

어린 시절, 추운 겨울날 비록 가난했지만 아버지의 밥그릇은 어머니의 사랑과 함께 따뜻한 아랫목의 이불 속에서 가장을 기다리고 있었다. 함께 식사할 때는 아버지가 수저를 드시기 전에는 먼저 수저를 들지 않았다. 그것은 아버지를 지탱해주는 버팀목이었다. 그 힘으로 막장의 밑바닥을 파더라도 당당하게 버티어 왔다.

그런 권위를 가진 아버지는 가장으로서 경제적인 책임뿐만 아니라 도덕적인 책임까지 짊어진다. 자식에게 모범을 보이기 위해 그들이 보는 앞에서는 함부로 행동하지 않는다. 왕이 왕을 포기할 때 백성들은 나라를 잃고 노예적인 삶을 살게 되듯이, 가장이 가장의 밥상을 지키지 않는다면 가정도 파멸할 것이다.

아버지만 자신의 밥상이 있는 게 아니다. 우리도 각자의 밥상이 있다. 밥상은 스스로 지켜야 할 인간의 권위다. 그것의 잃어버림은 아버지의 부재뿐만 아니라 자신의 부재도 될 수 있다.

아버지의 밥상을 차린다. 그것은 잃어버린 나를 챙기는 게 아닐까.

잃어버린 안경

신문을 본다. 전엔 눈이 봤는데 이젠 안경이 대신한다. 안경이 없으면 신문에 아무리 아름다운 세상이 펼쳐져 있더라도 나에겐 의미가 없다. 내가 모르는 세상 그 속에 나는 무엇일까. 사막에 불시착한 어린왕자가 만난 여우는 나와 관계가 있을까. 나와 연결되지 않는 세상은 나에겐 없는 것과 같다. 나와 세상이 홀로 존재할 수 없는 이유가 아닐까.

30대 후반, 눈 뿌리가 아파 안과에 갔더니 난시라고 한다. 안경을 처음으로 썼다. 잘 보기 위한 것이라기보다 멋과 보호용이 강했다. 실제로 써 보니 멋은 순간이고 여간 불편한 게 아니다. 콧등을 누르는 압박감, 귀에 걸리는 통증, 목욕탕이나 차안에서 안경알에 낀 서리 같은 하얀 습기. 정말 거추장스럽다. 무엇보다 안경에 적응되지 않아 눈이 아프다. 편안하기 위해서 썼는데 오히려 불편하다. 그것을 인내하기엔 아직 피가 젊다. 눈이 아프지 않자 버리듯이 그것을 잃어버렸다.

안경은 세상과 소통하는 창문의 역할을 한다. 세상은 각자의 삶이 다르듯이 보는 사람마다 다르다. 안경 없이 보는 흐릿하고 애매한 세상은 진실이 아니다. 그러나 슬기로운 사람은 안경을 낀 것처럼 올바른 안목으로 있는 그대로 본다. 아무리 올바르게 볼 수 있다고 하더라도 안경은 자신의 조건에 맞아야한다. 안경을 귀에 붙인다고 귀가 잘 들리는 게 아니고, 머리에 쓴다고 머리가 좋아지는 것도 아니다. 안경은 오로지 눈에 붙어 있어야 사물을 올바르게 볼 수 있다. 제자리에 있어도 기호품과 같아서 도수가 맞지 않으면 무용지물이다. 무엇보다 눈과 안경은 볼 때 가치가 있다. 볼 수 없다면 눈이라 하더라도 가치가 있을까. 볼 수 있더라도 희미하고 애매하게 본다면 가치가 있을까?

우리는 안경을 보여주는 장식품으로 사용하고 있다. 모형 사과를 사과라고 하지 않듯이 볼 수 있는 기능이 사라졌다면 안경이라 할 수 없다. 그런데 요즘 안경은 기능과 관계없이 모양만 갖추어도 안경이라고 부른다. 이름과 외관에 너무 치중되어 유행의 도구로 변하고 있다. 눈이 나쁘지 않더라도 안경을 쓴다. 이들에겐 안경은 안경이 아니라 액세서리다. 본성보다 겉모습의 아름다움만 추구하다 보면, 혹시 눈도 자신까지도 소모품으로 가볍게 보지 않을는지.

40대 후반, 어느 날 문득 신문 글자가 잘 보이지 않는다. 손을 멀리 뻗쳐야 겨우 보인다. 눈을 비벼 보지만 마찬가지다. 이제는 돋보기를 쓰지 않으면 신문을 보는데 불편을 느낄 정도다. 어디 가더라도 돋보기를 눈같이 들고 다닌다. 잊어버려 두고 갈 때는 작은 것에 관심을 가지지 않고 조용히 허공을 바라본다. 세상에 대해서 예민하게 반응하지 않아야 할 때가 온 것 같다. 틀니가 노인의 일부이듯이 안경은 내 일부가 되었다. 이젠 안경은 삶의 필수품이다. 그런데도 안경을 쉽게 잃어버린다. 문제는 잃어버려도 아직 소중함을 모르는 데 있다.

이젠 돋보기가 없으면 신문을 보기 어렵다. 약병에 쓰인 깨알 같은 글은 삶의 무상을 느끼기에 충분하다. 그렇다고 신문을 안 볼 수 없고 약을 먹지 않을 수 없다. 그게 우리의 삶이 아닌가. 시력이 좋은 사람이 시력이 나빠지면서 잃어버린 안경의 소중성을 깨닫는다. 근성이 아니라 체험으로 말이다. 안경은 볼 수 있는 도구일 뿐만 아니라, 삶과 연관된 것임을 그때서야 깨닫는다. 눈이 잘 보이지 않자 세상이 조금 열리는 것 같다. 그런데 아직 눈의 고마움을 모르니 이는 어찌해야 하는가.

사소한 것도 중요하다. 어린 시절부터 시력이 약해 안경을 낀 사람은 그것의 고마움을 모를 수 있다. 마치 눈의 소중함을 모르는 것과 같다. 청춘의 소중함을 모르는 것 같이 늘 함께 있으면 그것이 소중하더라도 가치를 잊는 경우가 허다하다.

지천명 나이에 사물을 잘 볼 수 없는 것은 어리석음을 깨닫기 위한 하늘의 뜻인 줄 모른다. 외관보다 본성을 보고 감각적인 눈이 아니라 심안으로 보라는…. 잃기 하루 전이라도 그 소중함을 깨달았으면 좋겠다. 그러면 사소한 것도 우주와 연결되어 있고, 바로 지금의 삶이 그렇게 소중하다는 것을 알 텐데. 보이는 것은 모두 아름답고 볼 수 있는 것만으로 행복할 텐데.

안경은 자기와 세상을 연결시키는 다리다. 세상을 존재하게 하는 요술방망이다. 시력이 약한 사람과 노인의 눈은 안경 없이는 볼 수 없다. 안경은 보는 것 이상이다. 안경의 잃어버림은 삶의 다리가 파괴되는 것과 진배없다. 그런데 안경은 스스로 볼 수 없다. 반드시 눈이 있어야 한다. 안경의 정체성은 안경 자체에 있는 것이 아니라, 눈과 안경이 함께 있을 때 나타난다. 나의 정체성도 마찬가지 아닐까.

낙동강의 모래는 밤하늘의 별만큼이나 많다. 별은 자신이 금강석이라서 빛나는 줄 알고, 우리는 자신이 잘나서 별을 보는 줄 안다. 눈과 별 사이에 안경이 있듯이, 하찮은 모래라도 다른 물질과 조화롭게 결합할 때 강의 이 언덕에서 저 언덕으로 연결하는 다리가 된다. 세상의 존재를 잇는 다리가 된다.

3부

◆

노 프라블럼

노 프라블럼No problem

나에게 질문할 기회가 주어진다면 진심으로 묻고 싶다. '왜 사는가?' 난 어떤 답을 할까. 이것은 내 인생의 화두였다. 답을 찾기 위해, 젊은 시절에 혈청소의 자살바위까지 갔던 적이 있었다. 무수히 홀로 산행을 했었고, 여행도 했었다. 지천명 나이가 될 때까지 빈틈만 있으면 떠오르는 질문이었다.

답을 구할 수 없었다. 그러나 질문만으로 내 인생을 다시 관조해 보는 시간을 가져서 좋았고, 질문을 하는 동안은 발가벗은 자신의 모습을 볼 수 있어 좋았다. 그것은 하루하루 반복적으로 살아가는 일상의 자신을 볼 수 있는 거울과 같았다. 답이 없더라도 질문만으로 마음은 한결 여유로워지고 새로운 자신을 발견하는 것같이 삶의 힘이 솟아올랐다. 문제의 답을 꼭 구하려는 것도 피곤한 삶이 아닐까 하는 생각이 들었다.

답이 묘연하다는 것을 알면서도 끊임없이 답을 요구했다. 우리는 흑백논리에 젖어 있기 때문에 애매한 상태로 살아가기가 쉽지 않다. 나만의 길이 있으리라 하며 길을 찾았다. 어떤 때는 길을 찾았는가 싶어 홀가분한 기분으로 다시 쳐다보면 답이 아니었다. 그 순간을 만족시켜주는 조건적인 답일 뿐이었다. 우리가 찾는 정상으로 가는 길은 없는지 모른다. 아니면 금정산의 정상인 고담봉으로 가는 산길같이 수없이 많을지도 모른다.

부산의 진산인 금정산의 산길은 거미줄 같이 얽혀져 있다. 수십 년 산행한 금정산 지킴이도 길을 모두 모른다고 할 정도다. 인간의 무궁무진한 욕심은 자기에게 편리한 길을 만들었다. 남의 마음을 알 수 없듯이 길도 알 수 없다. 정상으로 올라가는 길도 왜 그리 많은지, 사방팔방 없는 곳이 없다. 그런데 우리는 이 길만이 정상으로 올라가는 길이라고 고집한다.

답이 없는 것이 아니라 질문이 잘못된 게 아닐까 하는 생각이 일어났다. '토끼뿔은 있는가?' 같은 잘못된 질문은 답이 있을 수 없다. '왜 사는가?'라는 질문도 마찬가지가 아닐까. 문제가 없으면 답은 없고, 잘못된 질문은 바른 답이 나올 수 없다. 삶의 문제에 관한 답은 없는지 모른다. 그러나 우리는 끊임없이 문제를 제시하고 답을 찾으려고 한다. 오늘도 답을 구하기 위하여 눈 푸른 자를 만나려 산에 간다.

산의 정상으로 가는 길도 마찬가지다. 수없이 많기 때문에 이 길만이 정상으로 가는 길이라고 고집할 수 없다. 마치 바둑의 정석 같다. 어떤 조건에서는 정석은 있지만, 전체를 아우르는 정석은 없다. 조건이 바뀌면 정석은 정석이 아니다. 그 순간의 최고의 정석 자리도 바둑 전체로 봐서는 최고의 악수가 될 수 있다. 인생에서도 정답 또는 삶의 의미도 그와 같지 않을까. 인생의 문을 여는 열쇠는 찾을 수 없지만 내 집 문의 열쇠는 찾을 수 있는 것처럼. 삶의 부분을 자르면 답은 있지만 '왜 사는가?'와 같이 전체를 아우르는 답은 없지 않을까.

몇 년 전 인도를 여행한 적이 있었다. 인도에서 느낀 것 중에서 기억나는 하나는 노 프라블럼No Problem이다. 그들은 좋아도 노 프라블럼 싫어도 노 프라블럼이다. 흑백논리에 젖어 있는 난, 좋다는 뜻인지 싫다는 뜻인지 분간하기 어려웠다. 나도 노 프라블럼하고 행동하면 되겠지만 어쩐지 찝찝하다.

인도인들은 다양함을 특징으로 한다. 인도 국교인 힌두교는 '인도의 모든 종교'를 포함한다는 의미를 가지고 있다고 한다. 동물의 종류만큼 많은 신을 가지고 있다고 하니 다양성을 인정할 만하지 않겠는가. 그러면서도 다투지 않고 사는 것을 보면 인도인들만이 가진 비법이 있을 만하다. 이것의 근원은 노 프라블럼이 아닐까. 이것 때문에 다른 사람의 신을 인정하고, 자기 신의 길만이 행복의 길이라고 고집하지 않을지 모른다.

노 프라블럼은 글자 그대로 보면 '문제없음'이다. 그런데 난 다양하고 깊은 의미가 있을 것으로 생각한다. 인도인들은 가난하고 어렵더라도 얼굴을 찡그리고 사는 사람이 적은 것 같기 때문이다. 노 프라블럼은 정답을 필요로 하지 않기 때문에 상대방의 의사에 비중을 크게 둔다. 그러니 자기만의 답이 옳다고 고집하는 경우가 적고, 삶도 빡빡하지 않다. 아니면 이미 정답을 가지고 있는지 모른다. 수많은 신이 있는 만큼 수많은 답을 가지고 있기에, 어떤 답이라도 인정하고 수용하는 그런 정신 자세가 노 프라블럼을 만들지 않았을까.

우리의 길은 노 프라블럼이다. 길에 무슨 답이 있겠는가. 고민 꺼리가 생겨도 노 프라블럼, 생기지 않아도 노 프라블럼이다. 그냥 길을 가면 된다. 삶의 문제도 마찬가지가 아닐까. 문제가 있기 때문에 답이 생기는 것이다. 문제가 없다면 무엇이 문제가 될 것인가. 답을 찾을 필요가 없다. 그냥 살면 된다. 답은 조건과 상황에 따라 다르게 나타난다. 이것만이 답이라고 말할 수 없다. 세상은 끊임없이 변하지 않는가. 없는 답을 찾으려고 고집하니 문제다. 어떤 것도 답이 될 수 있다는 열린 마음을 가져보면 어떨까.

자연은 질문도 답도 하지 않는다. 있는 그대로가 노 프라블럼이다. 문제없다. 생각에 의해서 만들어지는 것이다. 문제가 없다면 답이 있을 리가 없다. 답이 없다면 구태여 찾을 필요가 있겠는가. 그냥 사는 거다. 노 프라블럼, 그것이 바로 답이니까.

주머니

그는 시계 바늘같이 금요일에 목욕하러 온다. 때밀이 아저씨가 일주일 중에 제일 한가한 날이 금요일이라고 그날 때밀이하기로 약속했다고 한다. 그는 자신에게 맞추는 법이 없을 뿐만 아니라, 남에게 무언가 주기도 좋아한다.

어느 날, 머릿기름을 선물이라고 준다. 머릿기름을 발라 본 적이 없기에, '때밀이 아저씨 드리세요.'라고 거절 아닌 거절을 해 놓고, 난 그의 얼굴을 쳐다보면서 미안스러워 어설픈 웃음을 짓는다. '난 고생하는 게 없고 아저씨가 얼마나 고생하니. 그러니 아저씨 드리세요.'라고 말하며, 어색한 분위기를 애써 지우려고 하였다. 수긍하는 듯 웃으면서 고맙다고 한다. 무엇이 고마운가. 오히려 내가 부끄럽다.

그것만 주는 게 아니다. 더운 여름 어느 날, 까만 봉지를 카운터의 턱에 올려놓고, 불편한 손으로 뽀스락거리며 무언가를 끄집어낸다. 얼음과자다. 쫙 펴지지 않는 손바닥으로 두 개를 내민다. '하나만 해도 되는데.' '하나는 잘생긴 아저씨, 하나는 예쁜 아줌마.' 꼭 나를 잘생긴 아저씨, 아내를 예쁜 아줌마라고 부른다. 나도 답례로 '고마워요, 잘 생긴 총각'라고 말하며 환한 웃음을 짓는다.

다시 계단을 힘들게 내려가 건너편의 미장원에도 갖다 준다. 그곳에서 이발하기 때문이다. 빼빼로데이에는 빼빼로, 화이트데이에는 사탕, 너무 많이 얻어먹는다. 목욕하고서도 꼭 '고맙습니다.'라고 인사하고 간다. 그는 주고 난 받기만 한다. 그는 자신과 인연 맺은 모든 사람을 사랑하는 것 같다.

캥거루는 주머니가 있다. 그놈은 2g, 2cm의 덜 자란 새끼를 낳아, 주머니 안에서 정상적인 새끼로 키운다. 그도 주머니가 있다. 그의 주머니에는 아마 사랑과 웃음, 친절이 꽉 차 있는 것 같다. 캥거루같이 처음부터 생긴 것은 아닐 거다. 키우고 또 키웠을 거다. 그래서 사랑이 넘치도록 나오지 않을까. 하지만 자신도 사랑할 줄 모르는 잘생긴 아저씨는 남에게까지 줄 사랑이 없다. 늘 자신의 부족분을 채우기 바쁘다. 울어야 할까 웃어야 할까. 잘생긴 총각에게 고맙다는 말을 하지 못했다. 그런데도 난 잘생겼다고 착각하고 있으니.

착각하는 사람들은 많다. 그중에서 두드러진 사람은 정치가다. 정치가들의 선거공약은 국민들을 위한 정치를 한다는 거다. 당선이 되면 국민들을 위한 정치가 아니라, 자신을 위한 정치를 한다. 또한 국민들의 머슴이 되겠다고 허세장담 했지만 그들 위에 군림하고 있다. 누구 하나 국민들 눈치 보는 사람은 없고, 머슴이라고 생각하는 사람은 더 더욱 없다. 지지를 받는 사람이 많으면 많을수록 자신이 잘났다고 생각한다, 마치 연예 스타들의 인기투표같이. 그들의 주머니는 블랙홀 같은 게 아닐까.

그의 걷는 모습은 캥거루같이 뛰면서 걷는다. 얼마나 힘드는지 한겨울에도 등 뒤에 우리나라 지도를 그릴 정도로 땀범벅이다. 삼복더위에는 보는 사람이 더 더울 정도로 옷이 함빡 젖어서 온다. 여름이 다가오니 괜히 걱정이 앞선다. 그는 빨리 가기 위해서 그렇게 걷는 게 아니라, 반쯤 뛰지 않으면 걸을 수 없다. 한 발로는 잠깐이라도 멈출 수가 없기에 빨리 다른 발로 옮겨 두 발로 디뎌야 한다. 느림의 행복을 아는 사람은 얼마나 될까.

멀리서 땀을 뻘뻘 흘리면서 우리 목욕탕에 '왜 오는가?' 라고 질문을 한 적이 있다. 잘생긴 아저씨가 친절해서 온다고 한다. 친절하게 한 것은 아무것도 없다. 그저 몇 분간 대화를 한 것뿐이다. 다른 곳에서는 돈만 받지 말을 나누지 않는다고 한다. 잘생겨서 잘생긴 게 아니라 다정함이 그렇게 다가오는 모양이다. 나는 그의 친절에 잘생긴 총각이라고 불렀다. 그는 한사코 잘생기지 않았다고 하면서 거절하였다. '나도 추남이니 잘생긴 아저씨라고 부르지 마.'라고 하였더니, 손사래를 멈추고 묵인하는 듯 하였다. 그래도 싫지는 않는 모양이다.

그는 뇌성마비 총각이다. 그들의 대부분은 정도의 차이는 있지만, 몸의 움직임은 불편하고 말은 어눌하지만, 알아듣는데 지장은 없다. 내가 아는 그들은 모두 잘 웃고, 먼저 말을 걸고, 성격이 밝다. 이 총각은 더 밝고 친절하다. 어두운 곳은 한 군데도 없다. 손과 몸이 불편하지만, 조그만 검은 지갑 속에서 목욕비를 끄집어내는 데 약간 시간이 더 걸릴 뿐이다. 대신 '늦어서 미안합니다.'라는 말을 항상 잊지 않는다. 정말 미안해 하는 그의 표정에 난 웃음을 보여 주지 않을 수 없다. 난 그저 웃는 것만으로 해결되는데, 그것마저 쉽지 않다.

그는 롯데 야구팬이다. 공책에 야구 경기 일정을 볼펜으로 빽빽이 적어 놓은 것을 내어놓고 설명해 준다. 난 별로 관심이 없다. 사직야구장 옆이 내 집이고, 야구 함성 소리를 가끔 듣지만. 야구는 규칙이 복잡하고 까다로워 골치가 아파 잘 보지 않는다. 그는 나보다 머리가 더 나은 것 같다. 자신을 사랑하는 만큼 고향의 야구팀을 사랑하는 것 같다. 그의 설명을 한참 들어 주었다. 이것은 내가 그를 사랑하는 방법이다.

그는 항상 웃는다. 하지만 얼굴은 웃음만큼 반듯하지 않다. 그는 아마 자신이 잘났다고 생각해서 웃는 게 아닐 거다. 자신의 모습이나 자신이 누구인지, 자신의 현재를 잘 알고 있다. 자신을 자신이 사랑하지 않으면 지금의 자신을 누가 진정 사랑하겠는가, 하고 생각하고 있는지 모른다. 그래서 긍정적인 생각도, 인사를 잘하는 것도, 사교적인 것도…… 어떻게 살아야 슬기로운 삶인가를 보여주는 행동이 아닐까. 그의 웃는 모습이 우리와 다르지만 연꽃같이 향기롭고 맑게 느껴지는 것은 이것 때문이 아닌지.

장애라고 모두 부족한 게 아니다. 그저 한 가지가 부족할 뿐이다. 그렇다면 우리도 장애인이 아닌가. 하지만 우리는 장애의 기준을 비장애인이 마음대로 정하여 장애인을 폄하하고 있다. 우리는 얼마나 사랑이 부족하고 자신의 조건 안에서 사는지 알면 자신도 깜짝 놀랄 거다. 우리의 주머니에는 무엇이 있는가? 그 총각처럼 자신의 주머니 안에 무엇이 있는지 세밀한 관심을 기울인다면, 편견 · 경쟁심 · 이기심 등 날카로운 칼날을 세우지 않을 텐데.

캥거루는 주머니 안에 또 다른 자기를 넣고 보살핀다. 캥거루 같은 사랑만 있다면, 사랑 · 웃음 · 친절과 같은 아름다운 것을 넣어가지고 다니면서 마치 포대화상같이 모든 사람에게 선물을 줄 수 있을 텐데. 이것은 또 다른 자신의 모습이 아닐까.

목 없는 은빛누드

아시아드 올림픽 조각공원에 유독 눈길을 끄는 조각품이 있다. 초록색 잔디밭 위에 아침 햇살로 눈부시게 은빛이 도드라지고, 군살이 전혀 없고, 미끈하게 잘 빠진 젊은 여인의 전신 누드다. 누드 작품을 처음 봤을 땐 묘한 감정이 일어날 정도로 적나라하여 똑바로 보지 못하였다. 오늘은 좀 다르다. 머릿속을 헹구고 나왔기 때문이다.

얼굴은 무표정하고, 약간 튀어나온 광대뼈는 오히려 운동으로 다진 듯한 강인한 느낌을 주고, 멈춰 있는 게 아니라, 리본으로 긴 머리카락을 머리 뒤로 묶고, 어깨를 펴고 당당하게 걷는 모습이다, 그것도 전라의 모습으로. 갈비뼈가 살포시 드러남은 여윈 생각보다 남성의 근육같이 탄탄하게 보인다. 마치 살아있는 듯한 착각을 느낀다. 여성의 아름다움보다는 성적매력을 도드라지게 하는 것 같다. 이것은 작가의 고도의 전술인지 모른다.

누른 호박 같은 엉덩이와 공기를 엎은 것 같은 젖가슴에 눈길이 멈춘다. 누가 볼 까 두리번거릴 정도로 적나라하다. 만져 보고 싶은 충동이 일어난다. 하지만 이미 눈으로 다 만지고 느꼈다. 손보다 눈맛이 더 짜릿하다. 타계하신 어떤 스님의 말씀이 생각난다. 출가 후 수면욕 · 식욕 · 물욕 · 명예욕 · 세속의 정이란 정은 다 끊고, 질긴 모정마저 겨우 끊었는데. 마지막 남은 성적 욕망은 정말 어려웠다고 했다.

십여 년 전, 누드 사진을 처음 찍을 때였다. 회원들은 누드모델이 오기를 기다렸다. 왠지 그냥 기다림이 아니라 마치 첫날밤 신랑이 신부를 품을 생각에 마른 침을 삼키는 그런 기분이라고 할까. 멀리서 그녀를 바라보는 눈은 벌써 누드를 바라보는 듯 했다. 그래도 작품 사진을 찍을 사람이 젯밥에 더 관심을 두어서야 되겠는가 하고 자책하며 나무라지만, 콩나물 크듯이 쑥쑥 올라오는 호기심은 억제키 어려웠다.

그녀가 옷을 벗었다. 스튜디오의 무대에 설 때까지 떨림은 멈추지 않았다. 벌써 회원들은 최적의 촬영장소를 다 차지했다. 난 삼각대도 세우지 못하고, 중앙의 약간 뒤 어정쩡한 위치에 사진 찍을 준비를 하고 기다렸다. 파인더로 그녀를 보며 셔터를 누르는 순간, 새벽의 짙은 어둠이 아침 햇살에 순식간에 사라지듯 묘한 떨림은 자취를 감추었다. 신기할 정도다. 그 후 누드 여인은 그저 촬영 대상일 뿐이었다.

작품명은 진행 2002-A, 작가는 김 영원. 다섯 개 누드 조각품으로 구성되어 있는데. 첫 번째 작품은, 짙은 검회색의 전라의 모습이고, 두 번째 작품은, 상반신은 옅은 회색이고 하반신은 없고 직

사각형의 틀로 대신했다. 세 번째 작품은, 상반신은 직사각형의 틀로 대신하고 하반신은 여전히 짙은 검회색이다. 네 번째 작품은, 옅은 회색의 전라의 모습이다. 다섯 번째 작품은, 광택이 나는 밝은 은빛의 전라의 모습이다. 그런데 머리가 없다.

머리가 없다. 내 나름대로 작품을 해석하여 보았다. 생각은 머리에서 나온다. 생각이 바로 욕망이다. 머리에서 욕망의 검은 물이 흘러나와 온 몸을 감싼 첫 번째 작품이다. 어쩌면 우리는 그런 모습으로 살아가고 있는지 모른다. 그런 자신을 깨닫기 시작하자 차츰 몸의 먹물이 벗겨지지만, 하반신은 여전히 검은 먹물로 덮여 있다. 욕구를 버린다고 완전히 버려지겠는가. 육체가 남아 있는 이상, 살아 있는 이상 품고 가야할 삶의 흔적들이다. 문제는 욕구가 아니라 그것을 충족을 바라는 생각의 반추다. 생각만 굴리지 않는다면 생각으로 끝날 텐데. 그래 머리를 잘라버리자.

들은 바에 의하면, 어떤 수행자는 성적 욕망을 끊기 위하여 성기를 자른 자도 있다고 한다. 아마 실재가 아니더라도 성적 욕구는 음식의 욕구와 같은 본능이기에 수행자에게 조차 자제하기 어렵다는 게 아닐까. 미성년 성범죄자와 재범을 유발할 가능성이 있는 성범죄자들에게 전자팔찌를 착용하는 것도 같은 실례가 아닐까. 자른다고 마음의 끈도 잘릴까. 밝고 빛나는 은빛누드 조각의 목은 없어져도 하반신은 남아 있지 않다. 성적 욕망은 쾌락을 위해서 있는 게 아니다. 사랑과 생명을 위해서다. 그런데 어리석은 우리는 그것을 뛰어 넘지 못하고 오직 쾌락만 추구하고 있으니 문제다.

연어의 수정은 죽음을 의미한다. 수거미는 암거미에게 수정하기 위하여 목숨을 걸고, 자신의 몸을 먹이로 대신하도록 희생을 한다. 우리의 성관계가 고문처럼 고통스럽고, 자식의 탄생이 희생과 죽음을 의미한다면 아마 종족 보존은 어려울지도 모른다. 그래서 우리의 성적 구조가 기쁨을 느끼도록 만들어졌는지 모른다. 아니면 변했는지 모른다.

조각품을 본 지 6년 만에 그것이 왜 거기 있는지 쨍하고 깨달은 기분이다. 처음에는 그것 참 잘 빠졌다고 생각했지만, 몇 번 보니 별 관심도 없고 그냥 지나치기도 했다. 아무리 맛있는 음식이더라도 자주 먹으면 질리듯이 그런 것일까. 그렇다고 욕망이 사라지는 것은 아니다. 욕망이 있을 땐, 다섯 개 작품이 모두 누드모델같이 보이더니, 눈이 뜨이니 각각 다른 작품으로 보였다. 수필의 소재가 되고부터는 현미경으로 보듯이 자세히 봤지만, 눈곱만큼의 욕망도 일어나지 않았다.

욕구는 몸 때문에 일어나는 게 아니라 생각이 먼저 일어나는 게 아닐까. 누드는 성적 욕구 대상이라는 잠재의식이 먼저 마음속에 자리 잡고 있기 때문이다. 또한 마음속에 있다고 항상 일어나는 게 아니다. 조건에 따라 다르게 나타난다. 누드에 있다면 항상 일어나야 하는데, 누드 사진을 찍을 때, 은빛누드를 작품으로 볼 때는 전혀 일어나지 않기 때문이다. 성적 대상은 밖이 아니라 자신의 마음속에 있다고 생각한다. 그것을 깨치기 위해 성범죄자들에게 전자팔찌를 차게 하는 것인지도 모른다. 우리 모두가 전자팔찌를 찬 마음으로 자신의 마음을 간추리면 어떨까?

음식을 맛의 대상이 아니라 생명을 이어주는 필수품으로 통찰할 수 있다면, 여성을 성적대상이 아니라 모든 사람의 어머니로 볼 수 있을 것이다. 그러면 잃어버린 은빛얼굴도 찾을 수 있을 텐데.

별똥별

서울 조카가 결혼한다고 질부가 될 신부와 함께 부산에 인사차 내려왔다. 신부는 키 크고 날씬한 게 여동생을 닮았다. 그들이 가고 나서 기뻐해야 할 부모님의 안색이 별로 좋지 않았다. 돌아간 여동생이 생각났기 때문이다. 그녀의 아들이 결혼하는데, 어머니가 있어야 하는데 하며 걱정하셨다.

12여 년 전쯤 된다. 여동생이 위암에 걸려 병원에서 수술한다고 연락이 왔다. 초기라 수술하면 별다른 이상이 없다고 매제가 안심의 말을 했다. 재발만 하지 않는다면 사는데 지장이 없단다. 그 당시만 해도 암에 대해서 잘 몰랐다. 수술이 잘 되었다고 하니 그런 줄 알았다. 우리 집안에는 돌아가신 분이 없었다. 93세인 할머니가 건강하게 살아계셨을 정도였으니 죽음은 우리와 먼 거리에 있는 것으로 생각했다.

그 후, 동생은 몸조리를 잘 하고 별다른 일없이 몇 달이 지났다. 그 당시 친한 친구가 췌장암에 걸려 수술도 할 수 없을 정도로 악화되어, 3개월을 넘기기 어렵다는 연락이 왔다. 친구들은 서울에 있는 병원에 면회를 갔다. 친구를 보고, 동생을 만나고 부산에 내려갔어야 했는데. 다른 친구들이 있고 해서 보지 않고 그냥 내려갔다. 전화도 하지 않았다. 그때 왜 그렇게 했는지 모르겠다. 아마 친한 친구가 곧 죽을 것이라는 긴박한 상황이었고, 동생은 이제 쾌차하고 있다고 생각했던 것 같다. 그러나 그 사건이 나에겐 평생 짐으로 남았다.

1년 정도 지난 후, 여동생은 암이 재발하여 수술을 다시 한다고 했다. 그 동안 몇 번의 만남이 있었는데, 안색이 좋았고, 기분도 좋았던 같았는데. 서울보다 부산의 친정에서 몸조리를 하는 게 동생에게 낫다고 하여, 본인도 그렇게 원하고 해서 부산의 친정집에 내려왔다. 그런데 그때까지만 해도 그녀에게 죽음이 가까이 있다는 것을 몰랐다. 가까이 있는 분 중 돌아가신 분이 없었고, 가까이 있는 사람은 죽지 않을 거라는 믿음이라고 할까. 그래서인지 죽음에 무관심하였다. 약간 여위었지만 혈색은 좋은 것 같았다.

그녀가 부모님과 함께 있는 게 어떤 것인지 깊이 생각해보지 않았다. 막연하게 보살펴 주는 사람이 있으니 육체적으로, 심리적으로 안정되고 치료하는데 좋은 것이라고만 생각했다. 부모님의 마음은 전혀 헤아리지 못했다. 그것도 죽을지 모르는, 신음소리를 내는, 잘 먹지 못하는, 갈수록 더 여위어가는 환자와 같이 생활하는 부모의 마음이 환자보다 더 아프다는 것을 뒤늦게 알았다. 가장 불효가 부모보다 먼저 죽는 자식이 아닐까 생각한다.

여러 방법을 다 해봤지만, 병은 점점 더 악화되어 갔다. 미음도 겨우 넘겼다. 여위다는 정도를 벗어났다. 가끔 보는 나는 앞에서는 대범하게 행동했지만, 혼자가 되면 흐르는 눈물을 감당하기 어려웠다. 지나간 추억들이 자꾸 스쳐갔다. 내가 대학생이었던 시절, 여고생인 동생에게 데이트 자금을 늘 빌려갔다. 결혼할 때 혼수품으로 왕창 갚아줄게, 내가 취직하면 갚아줄게 하며 꼬았다. 결국 형편이 되지 않아 아무것도 해주지 못했다. 나에게 기회를 줘야 하는데. 먼저 가면 안 되는데.

그녀는 자신의 병에 대해서 나보다 더 대범했다. 울고 그러지 않았다. 어느 날, '자신은 나쁜 짓을 한 적이 없는데. 왜 이런 병이 걸렸는지.'하며 물었다. 그때만 해도 난 어쩌면 회복할 거라는 막연한 믿음을 갖고 있었던 것 같고, 위로가 되는 말을 해주지 못했던 같다. 지금 생각하면 부끄럽다.

그때 잘 아는 명상가를 집으로 초청하여 그녀는 명상을 배웠다. 몇 개월 배우지 안 했는데도 보통사람보다 진전이 엄청나게 빨랐다. 그것이 도움이 되었는지. 암의 고통을 덜 느낀 것 같았다. 명상을 하는 도중, 이유 없이 눈물이 폭포같이 막을 수 없을 정도로 나왔다고 했다. 눈물을 흘리고 나면 몸과 마음이 편안해진다고 하였다.

집에서 일 년쯤 지났을까. 아무것도 먹지 못할 지경이 되었다. 야위었지만 그녀의 얼굴은 성자의 얼굴같이 맑고, 편안해 보였다. 이제 일어서서 걷는 것조차 힘들어 하는 것 같았다. 누워 있어도 죽음에 대한 두려움이 전혀 보이지 않았다. 가끔 통증으로 일그러지는 얼굴을 보여줄 뿐이었다. 그 순간에도 자식들을 걱정했다. 그게 어머니의 사랑인가 보다.

통증이 심한 것 같아서, 병원으로 갔다. 병원에서는 운명시간이 얼마 남지 않았다고 했다. 매제가 이번에 새로 산 새집에 가서 운명을 맞도록 해야 한다며 서울로 가기로 원했다. 어차피 장례식도 서울서 치려야 하니. 매제의 결정에 따르기로 했다. 구급차로 환자를 이송하기로 했다. 나와 매제가 탔다.

난 동생의 손을 잡고 놓지 않았다. 손을 통해 전해오는 생의 맥박, 겨우 숨을 쉬었다. 하지만 그녀는 살아 있었던 것이다. 동생에게 서울로 간다고 말을 해 주었다. 물론 듣는지 안 듣는지 모르지만. 가끔 몇 마디 말을 했는데. 무슨 말을 했는지 모르겠다. 살아있는 것은 맥박뿐이었다. 정신을 집중하지 않으면 느끼기 힘든 생명의 떨림뿐이었다.

나도 매제도 말이 없었다. 손에서 느끼는 맥박의 느낌이 사라졌다. 갑자기 울컥 눈물이 나올 것만 같았다. 의사를 불렀다. 의사가 진맥을 해 보더니 운명하셨다고 했다. 그리고 시간을 가르쳐 주었다. 매제는 고함을 지르며 울었다. 의사의 한 마디가 생사를 가름한다 말인가. 매제의 울부짖는 울음이 생사를 가름한다 말인가. 가냘픈 맥반의 떨림이 생사를 가름한다 말인가.

그녀의 얼굴은 어느 때보다 편안하고 고요하다. 난 그녀의 손을 놓지 않았다. 눈물도 울음도 나오지 않았다. 어디로 갔단 말인가. 내가 손을 잡고 있는데.

방패연

가슴이 답답할 땐 노래방에서 '한 점이 되어라. 한 점이 되어라. 내 마음 속에 한 점이 되어라.' 라이너스의 '연'이라는 노래를 부른다. 연 노래를 부르면 마치 연이 된 것 같은 자유를 느낀다.

어린 시절, 떨어지는 연을 주우려고 하늘만 보고 달려가다 돌부리에 걸려 넘어졌다. 이빨이 흔들리고 입술이 터져 피가 나는 줄도 모르고, 다시 벌떡 일어나 연을 좇아갔다. 연은 오백 년 묵은 느티나무의 꼭대기에 걸려버렸다. 닭 좇던 개 지붕을 쳐다보며 짓는 것처럼, 눈을 껌뻑거리며 한참이나 아쉬운 듯이 쳐다보았다. 손에 넣을 수 없다는 것을 뻔히 알면서도 돌아갈 수 없었다. 대개 연은 떨어져도 큰 나무 꼭대기나 전깃줄에 걸려 줍기 어렵다. 왜 그런 곳에 떨어지는지 모르겠다. 심지어 어떤 경우는 우리가 다가갈 수 없는 먼 곳으로 가버린다.

난 연을 한 번도 주운 적이 없다. 그래도 연을 향해서 수없이 좇아갔다. 연은 연이 아니라 꿈이었기 때문이다. 연을 만들 형편이 못된 나는 주워서라도 연을 날리고 싶었지만 그게 만만치 않다.

아무 것도 없는 허공에도 방해꾼이 많고 땅에도 많다. 나만 아니라 나의 친구들도 연을 주우려고 한다. 그들도 각자의 꿈을 가지고 있었기 때문이다.

연 중에서 제일 좋아하는 것은 방패연이다. 이것은 연을 날리는 사람의 조정에 따라 상승과 하강, 좌우로 돌기, 전진과 후퇴가 가능하기 때문이다. 다른 연은 높이 밖에 조절하지 못하지만 그것은 마음대로 조절할 수 있다. 그래서 싸움 연은 방패연을 사용한다. 연 싸움은 연줄과 연줄이 서로 엇갈리도록 해서 연줄을 풀고 당기고 조정하여 연줄이 먼저 끊어지는 쪽이 진다.

그 옛날 강태공처럼 하늘에 낚싯대를 드리운다. 낚싯바늘이 없기에 입질하는 간지러운 맛은 없지만 세상을 낚으려는 꿈은 있다. 연 날리는 내내 손에 느끼는 줄의 팽팽한 긴장감은 마치 바다에서 대어를 낚을 때 느끼는 짜릿한 손맛과 다름없다. 연은 자유롭게 노닐고, 난 연의 맛을 느낀다. 자유의 맛이 있다면 이런 걸까. 어린 시절 연을 줍는 것은 대어를 낚는 것과 다름없다고 생각했는지 모른다.

이젠 연을 주울 나이도 세월도 변했다. 그렇다고 꿈을 버린 것은 아니다. 연을 날리고 싶을 땐 어둡고 좁은 노래방에서 눈을 감고 춤을 춘다. 눈을 감으면 마치 꿈속에서 연이 된 것 같은 착각에 빠진다. 연이 하늘에서 자유로운 것같이 난 노래방에서 자유롭다. 노래가 끝나면 꿈도 연도 사라지고 짙은 어둠뿐이다. 꿈이 꿈으로 끝난다면 정말 꿈이다. 꿈을 꿈으로 두지 않고 현실로 바꾸려고 노력하는 것. 그게 내가 해야 할 일이 아닌가.

연은 푸른 하늘에서 자유를 원하지 막힌 공간에서 꿈이 되기를 원치 않을 것이다. 무지개가 손짓하는 저 산 너머에 가고 싶지만, 연줄이 놓아 주지 않는다. 연줄 없는 자유를 원한다. 연줄을 끊는다고 무지개가 걸려있는 산에 갈 수 있을까. 그는 어딘지 모르는 나락으로 떨어지고 말 것이다. 마치 풍선이 바람에 등을 기대고 허공을 마음대로 나는 것처럼…. 누가 그것을 자유롭다고 하겠는가. 구속하는 것은 연줄이 아니라, 가고 싶은 곳을 마음대로 가는 게 자유라고 생각하는 어리석음이 아닐까.

신호등은 나의 갈 길을 멈추게 한다. 한밤중 차가 없는 도로의 건널목 신호등에서 빨간불이 들어오면 걸음을 멈춘다. 차가 거의 다니지 않는 한적한 거리에 신호등이 왜 있는지 모르겠다. 신호등이 없다면 가고 싶을 때 마음대로 갈 수 있는데. 나도 자동차도 멈추게 한다. 정말로 우리는 신호등 없이 도로를 자유롭게 다닐 수 있을까.

혼자라고 마음대로 할 수 있는 것은 아니다. 다른 사람도 나와 같이 자기 마음대로 하려고 한다. 나와 그들은 자유라는 테두리 속에서 끊임없이 부딪힌다. 그것이 우리 삶의 모습이다. 함께 있어 부자유스런 것은 자유의 가면을 쓴 욕구 때문이다. 대상을 내 마음대로 하려고 하지 말고, 내 마음대로 조절할 수 있을 때 자유는 가능할지 모른다. 그러나 그건 거의 불가능하다. 마치 연이 연줄 없이 하늘에서 자유롭게 나는 것과 같다.

인간뿐만 아니라 어떤 것이라도 반드시 관계 속에서 존재를 이어간다. 외로움도 홀로에서 일어나는 게 아니라 함께 속에서 생긴다. 자유도 홀로 자유란 있을 수 없다. 구속이 있고 거기서 벗어나려는 몸부림에서 생기지 않을까. 하고 싶은 것을 마음대로 하는 것은 욕구의 충족이지 진정한 자유가 아니다. 하고 싶은 것을 하지 않아도 속박되지 않는 마음, 그게 진정한 자유가 아닐까.

방패연은 하늘에서 매처럼 여유롭지만 홀로가 아니다. 연을 하늘에 띄우는 내가 있고, 연과 나를 잇게 하는 연줄이 있다. 연줄은 연과 나를 있게 하는 생명줄이다. 연줄이 끊어지면 연도 나도 사라진다. 이것을 모르는 우리는 연이 허공에서 홀로 자유를 즐긴다고 착각할지 모른다. 연이 하늘 높이 태양처럼 한 점이 될 수 있는 것도, 구름처럼 자유롭게 떠다니는 것도 바람과 연줄, 그리고 내가 있어서 가능하다.

약속이 깨어지면서

친구들은 내 시간을 배려한다고 쉬는 날에 송년회 겸 점심 약속을 정했다고 연락이 왔다. 자식들, 저희들은 일요일에 약속을 정하는가. 그날은 나도 계획이 꽉 짜여 있는데. 섭섭한 마음이 일어났지만 그래도 친구를 만나는 것은 기쁨 중의 하나가 아닌가.

다른 계획을 취소하고 그날은 친구를 위해서 시간을 비워 두었다. 12시 충무동 해남식당에 갔다. 약속 시간이 지나도 아무도 오지 않아, 주인에게 오늘 모임 예약이 있는가 하고 물어보니 없다고 한다. 그 참, 혀를 한 번 차고 핸드폰의 문자를 다시 살펴보았다. 시간을 잘못 본 것이 아닌가 싶어서다. 오늘 아침 10시에 새로운 문자 한 개가 들어와 있다. '오늘 약속 취소 26일 금요일 12시 그 장소에서 모임.' 제기랄! 그놈의 자식들, 당일에 약속을 변경하는 놈이 어디 있나. 욕이라도 해야겠는데, 이상하게 화가 일어나지 않는다. 마치 남의 일 같다.

갑자기 계획이 취소되자, 한 주일의 반복된 일상이 깨어진 틈새로 한꺼번에 밀려들어오는 것 같다. 다시 지겨운 일상으로 돌아가고 싶지 않다. 그렇다고 딱히 할 일이 있는 것도 아니다. 이젠 있는 것은 시간뿐이다. 무엇을 할까 소리가 날 정도로 잔머리를 굴려 보지만, 탈출구가 막혀 버린 터널 같이 멍멍하고 할 일이 떠오르지 않는다. 오히려 소중한 것을 잃어버린 사람처럼 막막해진다.

에라, 모르겠다. 홍어탕이나 한 그릇 시켜 먹고 보자. 홍어탕은 뚝배기에 부글부글 끓여서 나오는데, 난 그놈의 뚝배기만 먹으면 입천장이 데인다. 이젠 있는 것은 시간뿐이다. 입천장이나 데이지 말아야지 하며 천천히 먹었다. 분명히 천천히 먹었는데도 입천장이 아리한 것으로 보아 데인 게 분명하다. 입천장이 약한 것인지, 성질이 더러운 것인지. 아무리 시간이 남아도 조급한 습관은 뜨거움을 달래지 못하는 것 같다.

친구와의 약속은 기다림의 시간이며 일탈이나 마찬가지다. 그러나 깨어진 약속은 일탈이 아니라 일상으로 되돌아가고, 아무리 시간이 남아도 여유롭지 못한 것 같다. 준비되지 않는 시간은 아무리 여유롭더라도 권태와 다름없다는 것을 느낀다. 반복된 일상보다 더 심각한 소용돌이에 빠진 것 같다. 미리 준비한 빈 시간이라면 오랜만에 맛보는 자기만의 평화로운 시간을 즐길 수 있었을 텐데.

충무동 식당에서 도로를 건너면 어선들의 선착장이 있는 부둣가다. 그곳에는 수십 척의 어선들이 정박해 있다. 정박해 있는 것이 아니라 황태덕장의 명태같이 줄지어 매달려 있는 것 같다. 명태처럼 생긴 배들은 일렬로 서서 꿈쩍도 하지 않는다. 한겨울 벤치 위에 번데기같이 누워 꼼짝도 하지 않는 노숙자를 연상하게 하는 것은 무엇 때문일까.

부산역은 하루에도 수많은 사람들이 오가는 기다림과 만남의 공간이다. 반면에 바람도 시간도 모두 멈춰 버린 듯 적막이 일렁거리기도 한다. 노숙자들은 긴 벤치 위에 한겨울에도 홑이불도 없이 번데기같이 누워있다. 그에겐 멈춰버린 역이나 마찬가지다. 할 일이 없어서가 꼼짝하지 않는 게 아니다. 게을러서 누워 있는 게 아니다. 꿈을 잃고 쪼그라든 그의 가슴 때문이다. 노숙자를 일으켜 세울 수 있는 길은 쪼그라든 가슴에 풍선같이 꿈을 불어 넣는 것이다.

삶을 자세히 살펴보면 널뛰기하는 것 같다. 바쁠 때는 시간이 부족하여 바동거리고, 막상 여유가 생기면 시간을 주체하지 못해 어찌할 바를 모른다. 마치 시간과 전쟁하는 것 같다. 바쁜 시간보다 무미건조한 일상과의 싸움이 더 어렵다. 아무리 반복된 권태로운 삶일지라도 꿈을 간직하는 한 의미 있는 삶이 될 것이다. 꿈을 간직한 사람은 매순간 철저한 삶을 살아가기 때문이다. 그런 사람에겐 오늘 오후 같은 빈 시간이 생기더라도 권태롭게 다가올 리 없다.

친구와의 약속만 약속이 아니다. 꿈은 나와의 약속이다. 꿈을 포기하지 않아도 외적인 조건에 의해서 운명같이 깨어지는 경우도 있다. 부산수산대학을 졸업하고, 만선의 꿈을 안고 배를 타고 원양으로 떠나려고 했었다. 그런데 결핵으로 꿈을 접어야 했다.

그러자 희망과 기다림의 시간들은 노숙자처럼 벤치에 누워버렸다. 배를 타기 위하여, 바다로 나가기 위하여 4년 동안 공부를 했었는데.

갑자기 생긴 병으로 휴식시간을 즐기지 못하고 싸워야 하는 꼴이 되어버렸다. 매일 병원에 가서 엉덩이에 주사를 맞았는데, 반나절 정도로 다리가 마비될 정도로 아팠다. 유유히 흐르는 강물을 나만 거슬러 올라가는 기분이었다. 시간에 이기는 장사가 없다는 말같이 서서히 지쳐갔다. 꿈이 멈춰버린 것이었다. 꿈을 포기한 사람처럼 방황하였다. 꿈이 멈추자 여유가 권태로 변하기 시작했다. 난 우울증에 걸린 사람처럼 방구석에 처박혀 닻을 내리고 꼼짝하지 않았다. 꿈을 바꿀지언정 꿈은 멈추면 안 된다는 것을 나중에야 알았다. 멈춤이 바로 포기라는 것을.

갑판 위에서 그물을 손질하는 어부들의 손놀림이 바쁘다. 그것을 보는 순간 어선들은 백수가 아니라 한가함을 즐기는 도인처럼 보인다. 그들은 그물을 깁는 것이 아니라 꿈을 가꾸는 것이고, 고기를 잡는 것이 아니라 꿈을 건지는 것이다. 꿈을 손질하는 이상 순간순간 의미 있는 오늘이 될 것이 분명하다. 꿈이 있는 한 어떤 경우라도 새로울 것이다.

꿈은 일탈이나 마찬가지다. 꿈을 잃은 사람들은 새로운 시간들을 잃고 권태에 빠져버린다. 꿈은 달성하는데 목적이 있는 게 아니라, 지금 이 순간 살아가야 할 새로움에 있다. 꿈을 손질하는 이상 순간순간 의미 있는 오늘이 될 것이 분명하다.

자갈치 시장

목욕탕 카운터를 보는 것은 따분한 일이다. 한 평도 안 되는 구두수선 가게만 한 작은 사각의 방에서 허구한 날 개갠다. 깊은 산 속의 옹달샘같이 고요하지만 변화가 전혀 없는 일상이다. 한가하다고 할까 여유롭다고 할까. 일상의 반복의 꼭짓점에 도달하면 그곳을 탈출이라도 하는 듯이 자갈치 시장을 찾는다.

그곳은 다른 세상이다. 바닥에 깔린 질벅한 바닷물이 먼저 반긴다. 다행히도 질벅한 바닥의 물이 메마른 마음을 적신다. 생선에 물을 뿌리는 자갈치 아줌마들의 손길이 바쁘다. 바쁘면 바쁠수록 얼굴의 미소가 햇살같이 따스해지는 것 같고, 손님이 없을 때는 고함을 지르며 생기를 북돋운다.

옷을 파는 가판장에서 40대 중년 남성이 확성기로 '골라, 골라, 오천 원'을 외치면서 춤춘다. 얼굴은 삶에 찌들려 까칠하게 보이는데도 슬퍼 보이지는 않는다. 활기찬 목소리와 웃음 때문일까. 가족이 있기 때문일까. 난 요즘 가족이 있는 사람은 어떤 경우에도 슬프지 않을 것만 같다. 난 이 시장 길을 무척 좋아했다. 마음이 우울하고 슬프고 고독할 때 자주 들러 걷는 곳이었다. 그냥 걷는 것만으로 바닷속을 헤엄치는 활어 같은 생기가 솟아났다.

자갈치시장의 철조망 문을 넘어서면 부둣가다. 철조망은 바람도 햇살도 모든 것을 통과할 정도로 구멍이 숭숭하다. 그런데 갑자기 숭숭한 철조망의 구멍으로 들어간 자갈치시장의 생기는 스펀지에 물이 스며들듯이 사라지고, 부둣가는 고요하다. 바다는 더 가까이 있는데 오히려 활기는 사라지고 적막만 흐른다.

그곳에는 수십 척의 어선들이 정박해 있다. 정박해 있는 것이 아니라, 눈바람에 꽁꽁 얼어붙은 덕장의 명태처럼 일렬로 서서 꿈쩍도 하지 않고 매달려 있는 것 같다. 한가로움에 지쳐 긴 하품이라도 하는 듯, 굳은 몸을 푸는 듯, 바람 따라 파도 따라 가볍게 몸을 흔든다. 도대체 주체적인 몸짓은 전혀 보이지 않는다.

어선과 어선들 사이로 서너 마리의 갈매기들이 시도 때도 없이 날아다니고, 몇 척은 어부들이 찢어진 그물을 손질하고 있다. 그물눈을 한 코 한 코 깁는 그들의 손길은 여유롭고, 얼굴은 평안하게 보인다. 일상보다 더 권태로운 오후의 햇살 속에서 고요히 그물작업이 이루어지고 있다. 출어를 기약할 수 없더라도 준비하는 그 자체가 일상의 탈출이고, 내일의 희망이라는 생각이 일어난다.

선착장 곳곳에는 낚시꾼들이 낚싯대를 드리우고 있다. 그들은 고기를 잡는 것 같지는 않다. 고기를 잡았는가 싶어 아무리 훑어보아도 잡은 사람은 보이지 않는다. 그 옛날 강태공같이 세월을 낚고 있지 않는지, 아니면 때를 기다리는지. 차가운 햇살 속에 찌만 파도에 일렁거린다. 찌는 고기를 잡는 게 아니라 파도와 햇살과 노는 것 같다. 나도 시간은 얼마든지 있다. 찌와 같이 햇살의 따스함과 여유로움을 마음껏 누리고 싶다. 그런데 머릿속에 맴돌고 있는 권태로운 느낌은 어찌된 일인가.

나는 차가운 겨울바람을 맞으며 시간을 잡는 백수의 낚시꾼처럼 찌와 햇살의 노닥거림을 한참이나 바라보며 오후의 시간을 때웠다. 그때 낚싯대가 휘면서 물고기 한 마리가 햇빛 속에서 꿈틀거리며 올라오고, 파도를 요람으로 삼아 고요히 일렁거리는 햇살이 깨어졌다. 일상이 깨어지고 새로운 바람이 내 가슴속에 들어와 앉는 것 같다.

일상보다 더 권태로운 일탈이 고요한 햇살 속에서 낚시하는 새로운 일탈이 이루어지고 있었던 것이다. 목욕탕 카운터의 일상을 떠나 자갈치시장의 활기에 잠시 생기를 찾는 듯했지만, 자갈치시장 너머에 있는 낚시꾼과 구경꾼들의 또 다른 권태로운 일상에 부딪혀야 했다. 하지만 그들은 일탈이라는 물고기를 낚고 있었던 것이다. 권태로움은 단지 나의 눈높이에서 본 느낌이었다. 목욕탕 카운터를 보는 권태로움도 나만의 시각이 아닐까. 아이들이 노는 것을 보면 알 수 있다. 어른들의 눈으로 보면 지겹게 보이지만, 그들은 전혀 권태롭지 않고 즐겁고 여유롭고 새롭다.

권태는 언어적인 감각일 뿐이지 구체적이고 실제적으로 존재하지 않는다. 언어를 초월하여 있는 권태는 어떤 의미일까. 무미건조한 삶, 어설픈 삶이 아니라 시적 감각이 없어서 새롭게 보지 못하는 마음이 아닐까. 권태는 일상 속에 숨어 있다가 나타난 것이 아니라 준비되지 않는 시간이 변한 것이다. 권태는 여유와 별개가 아니라 여유의 다른 이름이다. 권태를 모르는 자가 어찌 여유를 알겠는가.

일탈이 자유로운 것은 다시 일상으로 돌아오기 때문이다. 우리가 여행을 떠날 때 다시 돌아온다는 것을 알기에 뭔가에서 벗어난 듯 자유로움을 느낀다. 만약에 다시 돌아오지 못한다면 그런 자유로움을 느끼겠는가. 일탈은 일상을 떠나서 이룰 수 없다.

난 보이지 않는 새로운 낚싯대를 하나 찾아 들고, 자갈치 시장에서 다시 목욕탕 카운터로 돌아왔다. 글을 쓰는 것, 그것은 바로 나의 낚싯대다.

4부

◆

왜 산에 갈까

왜 산에 갈까

등산을 싫어하는 친구가 '내려 올 것을 왜 힘들게 올라가느냐?' 하고 상투적인 질문을 한다. 이런 질문에 말문이 막히는 것은 무엇 때문일까.

에베레스트 최초 등반가 힐러리 경은 산이 있어서 간다 하고, 누군가는 산이 불러서 간다고 한다. 산에 가는 이유는 사람마다 천차만별이다. 난 휴일에 산에 가지 않으면 답답하고 온몸에 좀이 쑤시는 것 같다. 산행을 하고 나면 산의 기운을 받아서 그런지 몸과 마음이 맑아져 일주일 개운하다. 아마 난 산이 좋아서 가는 것이 아니라 무언가 피하기 위해서 무언가 바라기 위해서 가는 게 아닌지 모르겠다.

사기 사건에 걸린 적이 있었다. 가해자를 만나고 오면 불편하여 집에 가만히 앉아 있을 수 없었다. 그때 백양산에 올라갔었다. 산의 너른 품이 그리워서도 아니고, 조망의 시원함이 좋아서도 아니다. 또한 산에 간다고 사건이 해결될 리도 없다. 그런데도 산에 올라가는 것은 무언가 하지 않으면 생각이 꼬리를 물고 진흙구덩이로 빠지는 것만 같았기 때문이다.

일부러 만남의 광장에서 불응령의 가풀막 코스를 택한다. 헉헉거리는 숨소리에 마음을 집중할 수 있고, 속에 있는 것을 모두 토해낼 수 있기 때문이다. 육체에 고통을 가하면 가할수록 가슴을 짓누르는 무거운 짐이 내려지는 것만 같다. 머리카락에 땀방울이 맺힐 때쯤 되면 얽긴 실타래가 풀린 듯 속이 시원해진다. 마음이 가벼운 것만으로 깜깜하던 터널의 끝이 보이는 것 같다. 시간이 지나면 해결이 되겠지 하는 느긋한 마음도 생긴다.

끝없이 이어진 산들을 바라본다. 실루엣의 산군들이 달음박질하듯이 앞서거니 뒤서거니 달려가고, 건너편 봉우리에 있는 구름은 쉬어가는 듯 걸터앉아 있다. 어떤 산들은 뒤돌아 앉아 명상하는 듯 적요하다. 우리들 삶의 군상들과 다를 바가 없는 것 같다. 이젠 이렇게 앉아 쉬면서 그것들을 마냥 보고 싶다. 누가 가라고 하지도 않고 오라고 하지도 않는데, 지금껏 앞으로만 달려온 다리가 가만히 놔두지 않고 마음을 재촉한다. 그렇다고 특별히 할 일이 있는 것도 아니고, 하산해 봐야 풀지 못한 일들이 산더미같이 남아 있는데도 말이다. 커피 한 잔을 마시고 싶다. 정상에서 홀로 마시는 한 잔의 커피는 조급함을 달래어준다.

바위에 앉았다. 정상에서 바라보는 초록 숲은 끝없이 펼쳐진 골프장의 잔디밭 같이 깔끔하다. 허리를 꼿꼿하게 세우고 잠시 눈을 감는다. 두 팔을 벌리니 팔 사이로 빠져 나가는 바람을 느낄 수 있다. 온 마음을 바람의 흐름에 던진다. 바람 따라 몸은 하늘로 올라가 마치 한 마리 매가 되어 날아가는 기분이다. 눈을 감은 듯 만 듯 실눈을 하고 살며시 떠 아래로 내려다보니 숲은 살아있는 듯 일렁거린다. 하늘에 떠 있는 매가 보는 숲도 이런 느낌일까. 이런 맛 때문에 산에 오르는 게 아닐까.

산 밑으로 눈을 돌린다. 성냥갑만 한 집들, 장난감 같은 차들, 복잡하게 얽힌 도시의 길들, 그 속에서 아옹다옹하면서 살아온 자신을 돌이켜 보니 한심하기 그지없다. 갑자기 우울해진다. 산에 간다고 해서 마음의 짐이 모두 내려지는 것은 아닌 것 같다. 사건을 피해 올라 왔건만 상투적이고 풀기 어려운 원초적인 질문만 안는 꼴이 되었다. 산의 맑은 정기 때문일까.

산다는 것은 무엇일까. 언제부터인지 나도 모르게 나를 감싸는 화두다. 꼭 답을 구하려고 하는 것은 아니다. 난 그 질문에 삶의 의미를 잃고 방황한 적이 여러 번 있다. 생각하지 않는 게 최선이라고 생각한다. 그런데 그런 문제들은 쉽게 내려놓을 수도 시간이 해결해 주지도 않는다. 한 발 한 발 움직이는 발걸음에 마음을 집중시킨다. 그 힘으로 문제들을 덩어리로 압축시켜 봉우리에 내려놓고 가고 싶다. 정말 영원히 내려놓고 싶다. 답을 얻지 못해도 좋다. 뿌리까지 잘라 버리고 싶다. 하지만 강아지가 주인 따라다니듯 쫓아오는 걸 어찌하면 좋을까.

젊은 시절 그 답을 찾아 헤맨 적이 있었다. 다대포의 몰운대, 혈청소 바닷가로 갔었다. 그땐 탁 트인 수평선을 바라보면 막힌 가슴이 뚫리는 것 같았고, 시원하고 비린내 나는 갯냄새를 맡으면 고향의 냄새같이 평안해지고 문제가 해결되는 것 같았다. 그러나 시원하고 평안한 것은 그 순간뿐이었다. 그것은 답이 될 수 없었다. 답이 없는 게 아닐까 하는 생각도 해 보지만 문제가 있으면 반드시 답은 있을 것이라는 확신이 있다. 마치 그림자와 주인처럼 말이다. 단지 내가 찾지 못했을 뿐이라고 생각한다.

사건을 피해 산에 올라온 덕분에 마음은 좀 편해졌다. 그러나 답도 찾기 전에 그 틈새로 새로운 문제가 생긴다. 어디에도 문제가 없는 곳은 없는 것 같다. 지금 내가 해야 할 일은 무엇일까. 장난감 같은 집들과 못다 푼 문제들이 남아 있는 저 아래로 하산해야하는 것이겠지. 그 마음마저 비워본다. 비우려고 마음을 내는 것도 답을 찾으려고 하는 것도 욕심인 것 같다.

그래 삶에 정답이 있는 게 아니라, 살다보면 저절로 엉킨 실타래가 풀리는 경우가 있듯이, 산에 올라가보면 산에 가는 이유도 내려가야 하는 이유도 알 수 있지 않을까.

신기루

“에베레스트 정상을 바로 눈앞에 둔 뉴질랜드의 의족 산악인 마크 잉글리스는, 사경을 헤매는 다른 산악인을 만났으나 그냥 놔둔 채 등반을 계속했다. 당시 다른 40여 명의 산악인도 그 곤경을 목격했으나 지나쳤다고 진술했다.”는 신문의 기사 한 토막에 나는 놀라움을 금치 못했다. 에베레스트 최초 등정 산악인, 에드먼드 힐러리 경도 “어떻게 죽어가는 사람을 그냥 놔둔 채 등반을 계속할 수 있었는지 이해할 수 없다.”고 비판했다.

에베레스트 등정 자체가 힘든 일이기 때문에 등반가는 다른 사람에게 관심을 가질 여유가 전혀 없다. 오직 오름에만 모든 신경을 집중해야 한다. 두 다리가 없는 그로서는 정상인보다 더 힘든 여정이었을 것이다. 어쩌면 사경을 헤매는 산악인보다 더 곤경에 처해 있었는지 모른다. 이번 기회가 그에겐 생의 마지막 도전이고, 삶의 전부였을 것이다. 그러기에 남보다 더 단단한 각오를 가지고, 심지어 목숨까지 걸었는지도 모른다.

그 산악인은 결국 그곳에서 죽었다. 산악인들은 정상을 포기해야 하는 악조건에서도 마음은 그곳에 두고 하산할 정도다. 심지어 죽음의 순간에도 정상을 놓지 못하고 죽음을 맞이하는 경우도 있다. 그만큼 그들의 정상을 향한 일념은 삶의 의욕이고 의미다. 하지만 무슨 말을 하더라도 죽음 앞에 옳고 그름과 긴박한 상황이 정당화될 수 없다. 정상의 오름을 멈춘다고 등반을 포기하는 게 아닌데. 등반의 의미를 정상의 달성에만 둔다면 불나비가 불을 보고 좇아가는 것과 무엇이 다른가.

사랑의 콩깍지가 쓰이면 곰보가 보조개로 보인다고 하듯이, 산악인에게도 정상에 눈이 덮이면 설산 밖에 보이지 않는다. 더군다나 세계의 최고봉인 에베레스트라면, 자동시스템으로 조정된 로켓같이 멈춤도 포기도 없이 연료가 떨어질 때가지 목표로만 날아 갈 것이다. 자신을 잃어버리고 욕망만 정상으로 오르는 것과 무언이 다른가. 그런 곳에 우리가 진실로 추구해야 할 자유가 있겠는가.

일상에서 만족을 하지 못하는 자는 도전이라는 미끼를 달아 놓고, 특별한 것 · 높은 것을 낚으려는 낚시꾼과 같다. 낚시꾼은 반드시 월척만 낚으려는 것은 아니다. 그것은 바람일 뿐이다. 월척이 있기에 낚싯대를 드리우는 것이 아니다. 그것은 자신이 만든 그림일 뿐이다. 그런 데도 낚싯대를 드리우고, 입질이 오면 손맛을 잊지 못하는 낚시꾼의 광기는 갈망의 노예가 된다.

도전자는 자신의 욕구로 그것을 만들었다는 것을 잊어버리고, 외부에 사실적으로 있다고 믿는다. 무엇이 없다는 게 아니라 단지 정상이 아니라는 거다. 특별한 힘을 가진 자만이 갈 수 있는 곳이라면 귀족만이 가지는 증표나 다름없다. 그런 것을 정상이라 할 수 있겠는가. 우리는 정상이 무엇인지 명확히 모르면서 끊임없이 정상에 오르려고 한다. 그것을 만족시키는 것은 외부에 있는 게 아니라 내면에 있는 갈망의 멈춤이다.

처음 사진을 배울 때, 특별한 것 아름다운 것을 찍었다. 찍은 것을 보고 스스로 감동하며 사진작가가 된 것 같은 착각에 빠져 그런 것들을 찾기 위해 헤매고 다녔다. 하지만 그 사진들은 한 번 서랍에 들어가면 두 번 다시 나올 일이 없는 장롱면허증 같았다. 그것은 아름다움에 빠진 갈망의 찌꺼기 같은 것이었다. 어느 날, 잃어버린 나를 찾으려는 듯 내 사진을 찍고 싶었다.

무엇을 찍을 것인가 고민하다 보면 마음속에 찍을 주제의 그림이 그려진다. 그러면 수필가가 펜과 메모장을 들고 다니듯이, 사진가는 사진기와 여분의 필름을 항상 들고 다닌다. 그와 유사한 것이 나타나면 사진기를 들고 파인더를 통해 세상을 본다. 하지만 피사체를 찍는 게 아니라 마음속에 그려 놓은 그림을 찍는다.

짙은 안개 속엔 안개만 보이듯이 갈망을 가지고 정상을 향할 땐 보이는 것은 갈망뿐이다. 그것은 정상이 달성되지 않는 한 절대로 사라지지 않는다. 달성되더라도 또 다른 정상이 솟아오른다. 그곳은 단지 갈증의 해소처일 뿐이다. 안개가 사라져야 실재의 사물들이 나타나듯이, 잃어버린 자신을 되찾아야 참다운 정상에 오를 수 있다.

애타게 목마른 자는 신기루를 만든다. 해소되지 않는 갈증 때문에 끊임없이 신기루를 뒤따라갈 수밖에 없다. 도달할 수 없는 그곳, 언젠가 환상임을 알 것이다. 정상에 대한 환상이 깨지면 삶의 무의미라는 블랙홀에 빠져 우울한 나날을 보낼지 모른다. 십여 년 동안 공부한 고시생이 합격을 하고, 기쁨도 채 가시기 전에 자살했다는 글을 본 적이 있다. 이것은 무엇을 의미할까. 이런 블랙홀에서 벗어남이 진정 도전해야 할 정상이 아닌가.

힐러리 경은 말한다. "사람들이 무엇이 중요한 것인지 완전히 잘못 파악하고 있는 것 같다." 우리가 도전해야 할 것은 오아시스도 아니다. 신기루는 더군다나 아니다. 그런데도 신기루가 정상인 양 쫓는다. 그것은 시지프스의 돌 굴리기와 무엇이 다른가. 형벌이지 자유를 향한 몸부림은 아니다. 언젠가 자신의 머릿속에 정상이 있음을 알 때 정상에의 오름을 멈출 것이다. 내면에 있는 정상을 정복해야 그것에의 구속에서 자유로울 수 있다. 그것은 갈망이기에 정복함이 아니라 버려야 할 대상이다. 갈망은 생긴 곳에서 사라진다. 갈망을 멈추면 바로 정상이 아닐까.

에베레스트는 자신을 최고봉이라고 말한 적이 없다. 에베레스트는 그냥 산일 뿐이다. 산을 정상으로만 보지 않았으면 좋겠다. 목숨을 걸만큼 에베레스트의 정상을 향하지만 그곳은 잠시 스쳐 지나갈 뿐이다. 한국 산악회에서 설산에 있는 망자의 시신을 회수하러 갔다. 시신은 찾았지만 악조건으로 회수하지 못하고, 설산에 작은 돌무덤으로 대신했다. 그들은 산이 무엇인지, 정상이 무엇인지 아는 진정한 산악인이었다. 정상만이 산의 정상이 아니다. 말없는 망자의 마음에도 있지 않을까.

낙타를 타고 사막을 횡단하는 목마른 아라비아 상인에겐 물은 목숨같이 소중하다. 오아시스를 찾기 위해 방해되는 것은 모두 제거한다. 하지만 목적은 오아시스가 아니다. 그들이 오아시스에 도달하지만 잠시 갈증을 해소할 뿐이다. 다시 길을 간다. 작가의 궁극적 목적이 작품이 아니듯이 산악인의 궁극적 목적도 정상의 오름이 아닐 것이다.

눈

눈이 오면 산이 그리워진다. 배낭에 아이젠 · 스패치 · 방한복 · 행동식 그리고 고무풍선 같이 부푼 그리움을 챙겨 넣고 포항의 내연산을 찾았다. 눈이 그린 산의 모습은 어떠할까. 마음은 이미 산에 가 있는 것 같이 들떠 있다.

봉우리에 올라서니 산은 눈뿐이다. 눈은 능선뿐만 아니라, 계곡 · 골짜기 · 나무 · 바위 어느 한 곳도 내리지 않는 곳이 없다. 능선을 따라 박혀 있는 앙상한 가지만 남은 나목들은 마치 공룡의 털 같다. 공룡은 한 마리가 아니라 떼거리로 모여 등만 내밀고 사랑을 속삭이는 것 같다. 여기가 공룡의 세계가 아닐까 착각할 정도다. 이렇게 눈은 산에 생명을 불어넣는 것일까.

눈은 화가다. 서양화가는 다양한 색상으로, 동양화가는 검은 먹물 하나로 하얀 백지 위에 아름다움을 채워나간다. 그러나 눈은 회색 풍경을 하얀 지우개같이 하나씩 하나씩 지워나간다. 지웠다고 아무것도 없는 것은 아니다. 지움의 흔적이 남아서 새로운 그림이 된다. 유명한 석공은 돌에 조각을 하는 것이 아니라 군

더더기를 떼어내면 저절로 숨어있던 조각품이 드러난다고 했다.

눈은 하얀색 하나만으로 그림을 그린다. 그린다기 보다 품는다고 하는 게 적당할 것 같다. 눈은 한 치의 빈틈없이 아주 똑같이 산을 품는다. 그러면 저절로 그림이 된다. 흰 색 하나만으로 삭막한 겨울의 산을 아름답게 할 뿐만 아니라, 따뜻한 세상으로 바꾸어 버린다. 눈이 온 후 산이 따뜻한 것은 이런 눈의 사랑 때문이 아닐까. 아마 화가는 어머니의 자식 사랑 같은 포근한 가슴을 가지고 있을 것이라는 생각이 든다.

눈은 마치 하늘이 무거운 짐을 벗어버리는 것 같이 어둔 하늘에서만 내린다. 미풍에도 어지럽게 휘날리니 줏대 없다고 가볍게 볼지 모르지만, 온 산을 똑같이 품기 위한 몸부림이다. 눈은 세상의 어느 곳도 편애하지 않는다. 그림을 보면 알 수 있지 않는가. 자연의 신비스런 비밀을 드러내지 않는다.

나무와 나무 사이에 눈과 바람이 그린 그림을 감상한다. 하얀 눈 위에 어리는 나목의 그림자, 간밤에 새들이 걸어간 흔적 같은 상형문자. 마치 추상화 같기도 하다. 흰색 하나로 그린다고 단순하고 얄팍한 것은 아니다. 칼날 같은 바위도 날을 무디게 하고, 거친 너덜겅지대도 잔디같이 푹신하게 만든다. 눈의 손길이 닿는 어느 한 곳도 모나고 인공적인 것은 없고 비단같이 부드럽다. 또한 칼바람에도 당당하게 홀로 버티는 소나무의 가지를 부러뜨리면서 그 오만함에 일침을 가하는 가르침도 잊지 않는다.

온 산에 눈이 없는 곳이 없고 가지에는 부러지도록 눈꽃을 피우지만, 나무 밑둥치 주위에는 눈이 없다. 손으로 살며시 나무를 만져 보면 냉기가 손끝에 아리한데. 시린 눈을 녹이는 것은 무엇일까. 눈이 자신을 녹임으로서 생명을 그려낸 것은 아닐까. 자신을 비움으로서 생명을 품는 것은 눈만이 아니다. 여름의 풍성한 이파리는 가을 단풍으로 절정에 이르지만, 겨울이 되면 가진 모든 것을 스스로 떨어뜨린다. 비움으로써 그 자리에 새 생명이 움튼다는 것을 자연이라면 다 알고 있기 때문이다.

자연의 어디에도 생명의 에너지가 흐르지 않는 곳은 없는 것 같다. 지난 밤 매서운 추위가 산을 덮었는데도, 계곡의 바위들은 새 생명을 잉태한 듯 동그랗게 눈으로 쌓여있다. 겨울 산은 모두 얼어붙어 죽은 것 같아도 봄이 되면 새싹을 올릴 수 있는 것은 어미 닭이 알을 품듯이 눈이 겨울 산을 품기 때문이 아닐까.

설경은 만다라 같다. 티베트 수도승들은 채색된 모래로 수많은 시간을 공들여 바닥에 화려하고 오묘한 만다라를 만든다. 완성되면 기다렸다는 듯이 만다라를 휘저어 허공으로 만들어 버린다. 눈도 밤낮으로 온 몸으로 아름다움을 공들여 만들어 놓고, 햇살의 사랑을 거부하지 않고 스스로 녹여버린다. 마치 결과도 과정 중의 하나라는 것을 깨달은 수도승 같이. 하지만 그냥 가지 않는다. 산 · 나무 · 바람에 맑고 시린 영혼을 불어 넣는다.

눈의 색깔이 네온사인의 색깔만큼 많다면……생각만 해도 머리가 복잡하고 어지럽다. 그런데도 인간은 너무나 많은 것으로 치장을 한다. 낮에는 도시의 우중충한 회색빌딩의 숲들이 밤만

되면 내장산의 단풍보다 더 화려한 네온사인으로 단장을 한다. 복잡한 것은 화려할 수는 있지만 행복이 깃들 수 는 없다. 그런데도 어둠을 감춘 네온사인의 화려함에 아늑함을 느끼는 것은 크고 많고 화려해야 마음이 놓이는 도시의 습성 때문이 아닐까.

눈은 하얀 색 하나만으로 죽음의 세계를 생명의 세계로 바꾸고, 소나무는 푸름 하나만으로 절벽에서도 당당하게 비바람과 맞서고 있다. 설산이 아름다운 것도 단순함 때문이 아닐까.

설해목

하얀 눈이 쌓인 산자락에 늙은 상수리나무들이 옹기종기 시끄럽게 모여 있고, 고갯마루에는 한 그루의 노송이 고요히 먼 산을 바라본다. 상수리나무는 모두 것을 벗고 홀가분하게 겨울을 맞이하는데, 노송은 푸름을 걸친 채 홀로 칼바람을 맞고 있다.

노송의 훤칠한 키와 청정한 기상은 임금님에게 충언을 올리는 충신과 같이 당당하다. 두 팔을 벌리고 산의 숨결에 귀를 기울이는 초연한 모습은 자연을 벗 삼은 선사와 같고, 청렴결백하게 살았던 옛 곧은 선비와도 같다.

다른 나무와 달리 이파리를 떨어뜨리지 않는다. 많은 사람들은 그것을 사시사철 변하지 않는 푸름이라고 찬탄한다. 그런데 강직한 푸름에 안타까움이 일어날 때가 있다. 민들레 홀씨 같은 눈이 푸름에 쌓여 양 팔이 부러지는 아픔을 당한다. 눈이 과하게 쌓인 것이 아니라 푸른 옷을 벗지 못하는 자신의 어리석음 때문이니라.

그래도 난 소나무를 좋아한다. 상수리나무같이 계절에 따라 겨울이 오면 이파리를 모두 떨어뜨린다면 눈으로 인한 고통은 없을 것이다. 수백 년 살아 왔는데 겨울을 편안하게 맞이할 수 있는 방법을 모를 리가 있겠는가. 그런데도 그렇게 하지 않은 것은 무엇 때문일까. 정말 어리석기 때문일까. 아니면 오만하기 때문일까. 스스로 무거운 짐을 자청했는지 모른다.

설해목이 부러지는 아픔과 외로운 밤을 견디는 것은 오직 푸름 하나 때문이다. 푸른 옷을 벗어버리고 시류에 따라 배를 갈아타면 되겠지만 평안하고 즐거움은 한 순간이라는 것을 알기에 스스로 자청하여 푸른 옷을 벗지 않는다. 그는 부러지더라도 푸름은 벗지 못한다. 푸름은 그의 꿈이고 삶이기 때문이다. 푸름을 품고 있는 한 그의 삶은 희망찬 삶으로 가득하다. 푸름을 포기하는 것은 삶과 희망을 포기하는 것이고, 푸름을 간직하기 위해서는 그만한 고통을 감내해야 한다는 것을 안다.

푸름을 버리면 아픔도 없을 텐데. 스스로 고통을 자청한 것은 무엇 때문일까. 진정한 행복은 고통 속에 녹아 있다고 생각하기 때문일까. 고통을 자청하면 고통은 생각한 것보다 덜 고통스럽기 때문일까. 자신이 아파봐야 남의 아픔을 이해할 수 있기 때문일까. 고통을 참는 것은 깨침 때문이다. 자신의 아픔을 넘어선 곳에 깨침이 있다는 것을 알고 있기 때문이다. 푸름은 깨침의 원천이다.

설해목의 깨침은 스스로 고통을 자청한 후에 일어나는 결과다. 그냥 얻어지는 것은 없다. 푸름을 버리면 아픔도 없겠지만 깨침도 없다는 것을 안다. 고요한 설산의 찢어지는 괴성은 파괴의 아우성이 아니라 산고의 인내며, 수도승 같은 깨침의 일성인지 모른다. 늘 푸름이 그런 고통을 감내하지 않고 얻을 수 있겠는가. 독야청청하리라는 옛시조가 그냥 생기지 않았을 것이다. 설해목의 이름에 아픔의 의미보다 수도승이나 모성애 같은 숭고함을 떠올린다면 모순일까.

만물이 추위에 지칠 때 쯤 되면 매화나무는 시든 것 같은 가지에서 꽃을 피운다. 스스로 추위를 자청했기에 눈바람이 가시기 전에 꽃을 피운다. 매화가 피어야 봄이 온다. 매화의 향기는 봄을 알리는 전령과 같기도 하고 이젠 아프고, 어둔 시절은 다 갔으니 힘을 내라는 격려 같기도 하다. 그 향기는 만물에게 마지막 인내할 수 있는 희망을 준다.

매화보다 아름다운 사람의 이야기가 있다. 지인의 아들이 이름 있는 대학에 합격했다. 아들이 대견하고 입시 공부하느라 수고했다고, 여행을 가든지 하고 싶은 것을 하라고 돈 봉투 하나를 주었다. 그런데 아들은 별로 하고 싶은 것도 없고 쓸 데도 없다고 하면서 불우한 이웃을 돕는데 쓰라고 부모님에게 다시 돌려주었다. 부모는 장애인복지원에 기부했다. 자신의 행복을 나누는 그 마음씨, 그것은 스스로 고통을 자초하는 설해목과 무엇이 다른가.

지도자가 되는 것과 정상에 우뚝 선다는 것은 쉬운 일이 아니다. 그 어려움을 핑계로 맞서 부딪히지 않고 쉬운 길로 둘러 간다면 정상에 올라설 수 없다. 스스로 오르지 않고 다른 사람이나 기계의 힘을 빌린다면 정상에는 설 지 모르지만 정상의 참맛은 느낄 수 없다. 정상에서의 느낌은 설해목이 고통을 짊어지고, 스스로 가지를 부러뜨리면서 일어나는 깨침의 소리를 지를 때의 느낌과 다르지 않을 것이다. 설해목이 당당할 수 있는 것은 부러지는 고통을 당할 줄 알면서도 푸름을 버리지 않는 고집 때문이 아닐까.

무리지어 있는 소나무보다 난 홀로 서 있는 소나무를 좋아한다. 그 중에서도 절벽에 붙어 칼바람에도 의연한 소나무를 좋아한다. 위험을 안고 낭떠러지에 붙어서 마치 암벽 타는 클라이머같이 모험과 도전의 즐김은 늘 푸름 때문이다. 나도 그것과 같이 스스로 고통을 안고 삶의 낭떠러지에서 버틸 수 있으면 좋겠다.

두고 온 용지봉

출발 할 때 보이지 않던 회장이 냉정고개 들머리에서 기다리고 있었다. 점심 때 결혼식장에 간다고 하던데. 산행할 시간이 없을 텐데. 회장은 회장이라는 직책을 짊어지고 산으로 올라가야만 하는가. 직책만 짊어지고 가는 것이 아니라, 결혼식장도 친구들과의 만남의 정도 짊어지고 가지 않을까. 산 아래에서 짊어진 것은 산 위에서는 벗으면 좋으랴만. 산행하기도 쉽지 않은데 누가 무거운 짐을 지도록 밀었단 말인가. 그 짐도 나누었으면 좋으랴만. 배낭의 짐처럼 나눌 수도 없고, 그저 함께할 뿐이다.

전투경찰부대 정문으로 들어가는 시멘트 도로를 따른다. 들머리가 시멘트 도로고, 경찰부대 정문이고 처음부터 심기가 불편하다. 하지만 부대 뒤편에는 산벚꽃이 어둠을 밝히듯 환하고, 봄볕에 쫑쫑거리는 병아리 떼처럼 개나리가 간들거리고 있다. 등반은 시작도 안 했는데, 바로 앞에 세운 계란 같이 보이는 봉우리가 발걸음을 멈추게 한다. 임도가 갑자기 휘어지는 곳의 왼쪽에 '낙남정맥 용지봉 5.4㎞' 표지판 있고, 그 옆에 '산불조심 출입금지' 표지판이 위협적으로 길을 막는다.

몇 년 전 친구와 둘이서 낙남정맥 종주 산행했던 무거운 기억이 솟는다. 바로 이 자리에서 이 표시판 때문에 얼마나 당황했던가. '입산금지, 입산 시 허가를 맡아야 한다. 벌금 20만원, 허가 전화번호는…….' 내용은 이렇다. 친구가 말했다.

"그냥 올라가자. 신고도 아니고 허가를 맡아야 하는데, 가지마라 하면 안 갈 수도 없고, 더 골치 아프다." "그래 올라가자. 그래도 전화번호까지 적어 놓았는데…."

하고 무겁게 답변했다. 안 보는 게 좋았는데. 괜히 찝찝하다. 그래도 안 갈 수는 없다. 이판사판이다.

숨이 헐떡거리는 가풀막이다. 할딱거리며 다리품를 열심히 팔았다. 30여분 동안 쉬지 않았다. 오르막을 오를 동안은 보통 생각이 일어나지 않는다. 더군다나 급경사 오르막은 아무 생각이 없다. 그냥 헉헉거리는 숨소리와 천근같은 발만 느낄 뿐이다. 벌떡 일어선 길만 내려다보고 걷는다. 봉우리를 쳐다보면 '얼마 남았을까' 잡생각이 나 더 힘들기 때문이다.

그런데 '허가를 맡아야 한다. 벌금 20만원인데, 전화할 걸.' 생각이 떠나지 않는다. '이놈아! 가라. 이놈아! 가라….' 하고 마음속으로 외치면서 떨쳐낸다. 헐떡거리고 올라가는데 이놈도 따라 헐떡거리며 올라오고 있지 않는가. 혹시 봉우리에 산지기가 기다리는 게 아닐까. 내 간이 작기는 작은가 보다. 별거 아닌 것을 끝맺음하지 못하고 있다. 봉우리에 올라서니 반대편에서 불어오는 바람이 시원하다. 조금 전 허가를 맡아야 한다는 그 생각도 바람에 묻어갔는지 사라졌다.

우리 일행은 첫 가풀막 안부에 올라섰다. P가 배낭의 막걸리가 무겁다며 비운다. 한 잔씩, 산삼주 먹는 기분이다. 그것은 비운 게 아니라 배로 옮겨 갔을 뿐이다. 우리가 버린다고 없어지는 게 아니다. 다른 모습으로 우리에게 다가온다. 배낭에 있을 때보다 배에 안에 있는 게 가볍다. 에너지로 변해서 그럴까. 오늘의 된비알 오름은 지난 정맥종주 때보다 쉬운 것 같다. '입산금지 표시판'을 마음에 담지 않아서일까. 인생도 상상의 무게를 비울 수만 있다면 생각보다 가볍게 살 텐데.

471봉이다. 봉우리에는 큰 바위와 마치 바위 위에 붙은 것처럼 보이는 작은 소나무 한 그루가 있다. 남해고속도로가 보이는 전망이 확 트인 절벽이다. 운전을 직접 하거나 버스를 타고 가면서도 항상 본 고속도로에 대해 생각을 해 본적이 없는 것 같다. 그런데 산 위에서 들판을 따라 끝없이 좇아가는 고속도로를 보니 길고 시원하게 잘 빠졌다는 생각이 든다. 끝이 없을 것 같은 하늘과 멈춤이 없을 것 같은 고속도로가 합쳐지는 지점에 끝이 생긴다. 생각지 못했던 발견이다. 그 끝은 끝이 아니다. 그 너머에 보이지 않는 새로운 하늘과 고속도로가 끝없이 이어가기 때문이다.

살아있는 이상 필요 없는 생각이 일어나지 않을 수는 없다. 그 생각을 계속 이어간다면 그 생각의 무게에 짓눌려 좋은 생각도, 산우들과의 대화도 할 수 없고, 시원한 바람 소리, 새소리를 느낄 수도 없다. 지나간 것은 이미 끝이 아닌가. 밑에서 짊어지고 온 망상의 무게를 절벽에 온전히 밀어 버린다.

용지봉까지는 완만한 오르막 내리막의 연속이다. 김해시 장유면에 위치한 용지봉 정상에 도착했다. 2시간 30분 소요되었다. 정상에서 본 조망은 일망무제다. 산 아래에서 짊어지고 온 오염된 것들, 오르내리면서 땀과 거친 숨결로 토해냈기 때문에 눈이 맑아진 걸까. 북쪽의 봉림산 너머에는 보이지 않는 낙동강이 억겁의 기쁨과 슬픔의 역사를 품고 흐른다. 산이 있는 한 강물의 흐름은 멈추지 않겠지. 인간의 아픔도 그러하겠지. 우리는 남쪽 불모산 방향으로 향했다. 본격 하산 길이다. 장유폭포까지 2시간정도 걸렸다.

산에 오를 때는 걱정거리가 무겁다 하더라도 산 아래에 두고 오면 가볍고, 아무리 아름다운 용지봉이라도 하산할 때 지고 간다면 무게에 삶이 지칠 수 있다. 늘 함께 있고 싶지만 진정 사랑한다면 있는 그대로 두는 게 좋다. 산은 어디로 가지 않고 항상 그곳에서 우리를 기다리고 있을 테니까. 산꾼이 산을 버릴 수 있다면, 어떤 삶의 짐이라도 벗어버리고 가볍게 살 수 있지 않을까.

푸른 눈 아이

하늘에서 떨어지는 비는 거대한 빌딩의 숲에선 보이지 않고 소리도 들리지 않습니다. 그러나 나의 다락방 쪽문에 떨어지는 비는 옥상 바닥에 수많은 동심원을 그립니다. 그것은 하늘을 닮은 아이의 눈동자 같기도 하고, 얼굴 같기도 하고, 생겼다가 사라지는 모습은 감질나게 그리움을 재촉합니다. 솟구쳐 오르는 그리움을 달래기 위해 펜을 들지 않을 수 없다고 했지요. 저도 그렇습니다. 그리움을 볼 수 있는 유일한 방법이니까요.

비가 오는 날은 더 애타게 나를 부르는 소리가 들리는 것 같습니다. 빗소리라고 애써 마음을 달래어 보지만, 착각이라고 치부하기엔 너무 생생합니다. 그리움을 멈출 수가 없을 때에는 배낭을 챙깁니다. 당신이 착각에 들 듯이 저도 착각에 젖어듭니다. 혹시 이번에 푸른 눈 아이를 만날 것 같은. 그래서 홀로 산에 가는지 모르겠습니다.

비에서 바다의 냄새를 느꼈습니다. 이번 산행은 바다가 보이는 달음산으로 갈까 합니다. 비가 오염된 하천을 말끔히 씻듯이, 비온 후의 산은 잘 닦은 거울같이 깨끗하고 박하 같이 쏴하고 상큼합니다. 그것과 함께 있는 것만으로 눈 밑의 그늘과 묵은 때가 씻기는 것 같습니다. 마음도 그와 같아 이럴 때 산에 가면 푸른 눈 아이를 만날 수 있을 것 같은 예감이 듭니다.

달음산 정상에서 바다와 하늘의 끝이 보이지 않는 수평선을 바라보며 검은 김밥을 입에 넣었습니다. 옆구리가 터진 김밥을 이빨로 으깨고 침으로 적시며 수평선에게 물어 봅니다. '산다는 게 무엇입니까?' 갯냄새가 갑자기 밀려옵니다. 김밥이 싱거운 것을 어떻게 알았는지. 목이 메지 않게 급하게 먹으면 얹힌다는 깊은 배려임을 당방에 알 수 있습니다. 그러나 목이 메지 않으면 어리석게도 고마움을 곧 잊어버립니다.

하늘이 바다에 내려와 수평선에서 한몸이 됩니다. 바다가 푸른 것은 하늘을 닮았기 때문이고, 하늘이 푸른 것은 바다를 품었기 때문인 것을 이제야 알았습니다. 어느 게 먼저 푸름이었는지 알지는 못합니다. 그것을 아는 건 별로 중요하지 않습니다. 문제는 눈 푸른 아이를 만나는 겁니다. 귀엣말로 무언가 주고받는 것 같았는데. 끝내 바다는 나와 눈을 맞추지 않고 돌아 누워버립니다. 파도가 먼 바다의 풍경을 가득 안고 내 가슴 깊이 들어와 앉아 있는데도, 무심한 눈은 아는지 모르는지 수평선만 쳐다봅니다.

거대한 암괴에 홀로 앉아 바람의 냄새를 맡습니다. 순간 바람은 허공중에 사라집니다. 열망이 일어나고 사라지면 빅뱅 같은 진공이 생깁니다. 그곳엔 알 것 같은데 꼭 집어 말 할 수 없는 안타까움이 채워지고, 다시 허허로움으로 변합니다. 전 이런 것을 가끔 느낍니다. 아마 당신이 눈 맑은 아이를 만나고 싶을 때 일어나는 우울함 같은 것, 즐거움과 기쁨의 뒤편에 돌아 앉아 있는 수평선 너머의 바람 같은 것 말입니다. 아마 열망의 진면목은 허허로움이 아닌지요.

달음산에 채워지지 않는 숙제를 남겨 두고 함박산으로 향했습니다. 이젠 바다와도 멀어집니다. 홀로 외로움을 누리고자 혼자 산행을 갔건만, 홀로의 자유로움은 없는가 봅니다. 솔바람이 함께 하고, 오르락내리락 길이 함께 하고…. 무엇보다 달음산에 남겨 두고 온 '사는 게 뭡니까?' 질문은 거미줄 같이 질겨 놓지를 않네요. 거미줄을 아무리 없앤들 거미는 다시 거미줄을 치겠지요.

봉우리에서 앞 봉우리를 보면 어떻게 올라가야 할까. 가야할 생각보다 두려움이 먼저 일어납니다. 그런데 고개 안부에 내려서고, 막상 아픈 다리를 힘겹게 끌고 숨 가쁘게 가풀막을 오르면 생각보다 힘이 들지 않습니다. 봉우리을 밟고 돌아서서 뒷봉우리를 보면 땀 흘린 만큼 풍광이 새롭고 아름답게 다가옵니다. 사랑하는 연인과 이별, 사업의 실패, 꿈의 좌절로 인생을 포기할 순간까지 갔더라도, 봉우리에서 돌아보는 길같이 새롭고 정답게 다가오겠지요.

질문을 가슴에 안고 다시 길 위를 갑니다. 길이 해결해 줄 것이라고 굳게 믿는 사람이니까요. 무심히 길을 보면서 외길을 홀로 가고 있음을 느낍니다. 길을 갈 때는 그것을 찾으려고 하지 않습니다. 오직 길만 가려고 합니다. 하지만 무관심하게 쳐다보는 눈길은 길을 가는지, 그것을 찾는지 저도 모르겠습니다.

'왜 사느냐?' 그것엔 답이 없을지도 모릅니다. 하지만 나는 답을 찾으려 끝없이 길 위로 나섭니다. 어쩌면 내가 찾으려고 한 답이 당신이 만나지 못한, 하늘같은 푸른 눈동자를 하고 시리도록 맑은 마음을 가진 그 아이가 아닌지요. 그를 만나기를 위해 오늘도 산행을 하지 않았나 싶습니다. 당신이 만나지 못했듯이 저도 만나지 못할 것이라는 것을 뻔히 알면서도 배낭을 챙기는 것은 무엇 때문일까요. 어쩌면 그런 게 사는 의미가 아닌지요.

하산하면서 막걸리 한 잔 하지 않을 수 없습니다. 하산주는 산행의 맛 중에 빼 놓을 수 없는 진 맛이니까요. 곰티재에는 텐트 주막이 한 채 있습니다. 중년의 여자 두 명이 커피를 마시고 있었고, 반갑게 맞이하는 주모의 웃음에 산행의 피로가 싹 가십니다. 눈매가 역 팔자고 칼날같이 날카롭게 째어져도 웃을 때는 부드럽고 아름답다는 것을 이제야 새롭게 깨닫습니다, 전에도 알았지만.

빗방울의 동심원, 갯냄새, 수평선, 봉우리의 오르락내리락, 주모의 웃음 등—모든 게 푸른 눈 아이인지 모릅니다. 그런데 머릿속에 그린 푸른 눈 아이만 찾습니다. 그 아이는 비눗방울 같을지도 모릅니다. 한 번 그린 그림은 쉽게 지워지지 않네요.

비가 오면 다시 배낭을 챙길 것 같습니다.

쉰

헉헉거리며 불응령에 오른다. 불혹의 나이 때도 헉헉거리면서 한 점의 의혹도 없이 올라갔지 않는가. 전망대가 있어도 풍광을 보지도 않았고, 보아도 근성으로 보고, 쉴 여유도 없이 앞으로만 나아갔다. 쉰은 몸과 마음을 쉬게 하는 나이인지, 사물을 보이게 하는 나이인지, 이제야 전망대가 보이기 시작하고, 소중함을 알게 한다.

바위에 걸터앉았다. 산이 평지라면 힘들게 오를 이유가 없을 텐데. 봉우리는 오름의 고통을 보상이라도 하듯이 일망무제의 조망과 땀 흘린 후의 상쾌함을 기꺼이 내어준다. 그리고 물 한 모금 마시며, 구포 포구와 대저평야를 함께 아우르며 흐르는 낙동강과 그것을 이어주는 구포다리의 새로운 신선감에 눈 화살을 보낸다. 하얀 습기를 머금은 모습들이 오히려 칙칙하지 않고 하늘 정원같이 고즈넉하고 평화롭게 보인다.

어떻게 저렇게 평화로울 수가 있을까. 조금 전까지만 해도, 미아가 될 정도로 붐비는 사람들과 '골라! 골라! 천 원!', 발로 굴리고 손뼉을 치면서 떨이 판매를 외치는 점원, 없는 물건이 없을 정도로 꽉 찬 만물가게, 아귀같이 먹어도 남을 만큼 음식이 즐비한 먹자골목, 살아남기 위한 난장판 같은 구포장을 지나갔지 않는가. 남을 만큼 풍족하면서도 소유하기 위해서, 이기기 위해서 싸워야 하는 우리다. 부족하면 부족분만 채우면 되지만 오히려 풍족함이 삶을 더 치열하게 하는 것 같다. 풍족함은 채워도 채울 수 없는 공간이라는 것을 알아야 하는데. 그것을 깨닫기 위해 산에 올라 왔는지 모른다.

번잡스러움이 사라진 것도 아니고, 바뀐 것은 하나도 없는데. 아우성이 들리지 않는 것만으로 고요하고, 고요 자체만으로 평화롭다. 한 발자국 물러서니 세상이 다르게 보인다. 내가 잘못 보고 있는 것은 아닐까. 지금까지 보고 듣고 느끼고 살아온 치열한 삶의 현장은 어디로 갔는가. 저게 원래의 모습인데 허깨비를 보고 살아 왔는가. 전체가 보이니 저렇게 고요하고 평화로운 것을 한면만 보고 아옹다옹하다니.

개 시장의 철창 우리 안에 갇혀 있는 개가 생각난다. 대가리를 어깨에 묻고 배를 땅바닥에 붙이고, 엎드린 채 한 곳을 응시하고 있었다. 눈을 감았는지 반쯤 뜨고 있었는지 그림이 그려지지 않지만, 꼼짝도 하지 않는 게 도를 닦는 수행자처럼 보였다. 난 그것을 자포자기한 절망의 모습으로 생각하고 싶지 않았다. 나의 모습을 보았기 때문이다. 그래도 그의 철창은 문이라도 있어 빠져나올 틈이라도 있지. 나의 철창은 문도 없이 끝없이 굴러가는 굴렁쇠 같았다. 나와 개는 궁극적으로 추구하는 것은 같지 않을까. 다른 것은 무엇일까. 개는 스스로 문을 열 수 없지만, 난 스스로 굴렁쇠를 부술 수 있다는 것.

봉우리에는 원통형 아이스크림같이 생긴 돌탑이 하늘 뚫으려는 듯 뾰족하게 서 있다. 작지도 않는 돌멩이를 한 개씩 이빨을 맞추듯이 매끈하게 쌓아 올렸다. 여간 정성과 인내가 필요하지 않았을 텐데. 더군다나 산봉우리가 아닌가. 누가 왜 쌓았을까. 혹시 하늘보다 높이 올라가려는 바벨탑은 아니겠지. 봉우리의 의미를 깨달은 눈 맑은 자인지 모른다. 그 깨침을 보여 주기 위해서 탑은 비바람과 칼바람에 견디며 이 자리를 지켜 왔을지도 모른다.

정상은 마지막 봉우리가 아니다. 그 너머에 또 봉우리가 있다. 그 너머에 또 봉우리……. 그런데 정상이 마지막인지 아닌지, 답이 있는지 없는지도 모르면서, 왜 한 번도 의심하지 않고 힘들게 정상을 향해 오를까. 지금까지 그렇게 달려왔기 때문일까. 봉우리에 답이 있는 게 아니다. 봉우리는 단지 답을 보여 줄 뿐이다. 봉우리는 할 일을 다 마쳤다. 보고 보지 않는 것은 자신의 문제다.

왼편에 서 있는 백양산이 묵묵히 지켜보며 침묵의 말을 하는 것일까. '푸르고 맑은 눈을 가진 자들이여 눈을 뜨고 봐라. 그 봉우리도 나와 다름없다. 네가 두고 온 산 아래는 평화롭다. 오르기 때문에 고통스럽다. 저 강물을 봐라. 내리기 때문에 고요하고 부드럽지 않는가. 자신이 살아가는 곳이 진실한 삶의 터다. 그곳의 주인은 바로 자신이다.' 지옥과 극락이 따로 있겠는가. 단지 우리가 모를 뿐이다. 모르니 오르기를 계속 할 수밖에 없다.

우리는 높은 곳으로 오르려고 한다. 눈은 높은 곳만 쳐다보고 높은 것만 생각하니, 자신이 항상 낮은 곳에 있다고 착각한다. 인간도 짐승 취급을 오래 받으면 짐승이 된다는 말이 있듯이, 자신도 자신을 사랑하면 자신은 항상 높은 곳에 있게 된다. 강물이 항상 낮은 곳으로 흐르는 것처럼……. 이것은 자신의 의지와 관계없이 자연의 순리에 따른 결과다. 더 이상 추구하지도 취하려고도 하지 않는다. 그러니 항상 여유롭고 고요하고 평화롭게 보인다.

강물은 어떤 경우에도 어디에 있더라도 최고 높은 위치에 있다. 그러기에 내려감을 주저하지 않는다. 내려가더라도 최고의 위치다. 역류할 이유가 없기에 어디에도 걸림 없이 항상 자유롭게 흐른다. 다른 사람들은 그를 최고의 높은 경지에 있다고 하지만, 스스로 높다고 말하지 않는다. 그저 하심 할 뿐이다. 그게 전부다. 강물이 하심을 할 수 있는 것은 봉우리 덕분이다. 최고의 경지에 있는 자라도 홀로 흐를 수는 없다.

지천명에 아직도 미혹에 빠져 오르려고만 하니 보이는 것은 봉우리뿐이다. 자신을 볼 수 없으니 다른 사람의 고마움을 알 수도 없고, 삶이 피곤할 수밖에 없다. 물은 누구를 위해서 무엇을 위해서 낮은 곳으로 흐르는 게 아니다. 그게 그의 본성이다. 우리도 자신의 본성을 자각한다면 구태여 경쟁하겠는가. 있는 그대로가 최고의 순간인데. 그저 물같이 흘러가면 되는데. 백양산 정상을 앞에 두고 불응령에서 대저평야를 황금빛으로 물들이는 하늘의 뜻을 보고 내려왔다.

봉우리가 높이 솟아 있는 의미와 강물이 낮은 곳으로 흐르는 이유를 안다면, 오르려고만 하지 않았을 텐데. 그러면 추하게 늙어가지 않을 건데.

쓰구낭산

일회용 커피 봉지가 고무풍선처럼 부풀어 땡땡할 만큼 고산이다. 산행대장이 걸으면 고산병에 걸릴 수 있으니 말을 타고 베이스캠프까지 가야 한다고 한다. 그것이 고산병의 원인이 되는 줄 몰랐다. 캐러밴하는 대원들의 긴 행렬은 머나 먼 사막을 거쳐 실크로드를 따라 미지의 세계로 향하는 마르코 폴로의 행상을 연상케 한다. 그들의 마음도 고산병의 고통을 감수하고 쓰구낭산의 다꾸낭봉(중국, 5,355m) 정상을 향하는 나와 같을까.

베이스캠프까지, 아름답고 완만한 고원의 초록색 산비탈에 노란 · 하얀 · 보라 · 분홍색의 야생화가 햇빛을 머금고 은하수의 별같이 반짝이고 있다. 내려서 구경하고 싶지만 정상으로 향하는 조급함 때문에 말 위에서 눈으로만 어루만진다. 바람에 접혀지는 신부의 면사포 같은 구름의 조화는 다꾸낭봉으로 향하는 열망을 땡볕의 양철 지붕같이 달군다. 중간에 거의 쉬지 않아서 예정보다 빨리 베이스캠프(4,500m)에 도착했다. 서두르는 마음 때문에 아름다운 풍광을 설핏 본 것이 아쉽다. 무엇보다 고도를 무리하게 올려 고소 적응 시간이 짧아 고산병을 재촉하지 않았는지 모르겠다.

텐트를 정리하자 머리가 띵하다. 너무 빨리 올라온 것이 아닐까. 고산에서는 몸과 마음을 천천히 움직이고, 호흡을 길고 깊게 해야 하는데. 고산에서 빨리하는 행동은 고산병에 걸릴 수 있는 가장 지름길인데. 하지만 빨리하는 습관이 몸에 베여 천천히 잘 안 된다. 이번 기회에 조금이라도 조급한 마음을 버렸으면 좋겠다.

고소 증세는 병이 아니다. 고도만 낮추면 사라진다. 하지만 고산병에 걸리면 생명이 위험할 수도 있는데. 의욕만 잔뜩 가지고 정상 도전의 준비가 끝났다고 생각하고 있다. 계곡 따라 흐르는 쓰구낭산의 침묵을 들으면서 잠을 청한다. 한잠 중에 갑자기 구토가 일어났다. 텐트 문을 열고 토해냈다. 두서너 번 토하니 속은 시원한데 머리가 깨어질 것같이 아프다. 설익은 산성 동동주를 마시고 취해 양쪽 머리가 바늘로 찌르는 것처럼 아픈 기억을 떠올리게 한다. 무리한 열망이 고산병으로 변한 게 아닐까.

얼굴만 텐트 문밖으로 내어 놓고 깊은 호흡을 한다. 시원한 공기로 아픈 머리는 조금은 나아진 것 같지만 여전히 고통은 심하다. 그 순간에도 마음은 정상으로 향한다. 내일 정상에 갈 수 있을까. 정상에 오르기 위해 고산에 온 것이 아닌가. 정상에 못가면 어떻게 될까. 생각만 해도 산소가 소모되는지 머리가 띵하다. 생각도 하지 말아야지 하면서도 정상 도전의 갈망이 꼬리를 물고 이어진다. 밤하늘의 별이 내려와 나보다 더 안쓰러운 눈빛으로 보듬는다. 별이 얼마나 맑은지 생각도 멈추는 것 같다. 별 보기에 처량하고 부끄럽다.

어둠이 아직 머물고 있는데, 산행대장이 기상 고함을 지른다. 머리가 아프고 속이 메스껍고 고통스럽지만, 귀는 전혀 고통에 관심이 없는 모양이다. 듣는 귀 외에 고통을 느끼는 또 다른 나를 발견한다. 욕망은 자신을 헤아리지 못하는데, 고통은 살아있음을 깨닫게 하는구나. 이젠 아픈 머리도 덜하고 속도 괜찮은 것 같다. 갈 수 있겠구나. 가야지. 조금만 나아지면 그 틈새로 정상 도전의 욕구는 스스로 놀랄 만큼 길섶 잡초의 생명처럼 억척스럽게 꿈틀거리며 나온다.

일어나 움직이니 다시 머리가 아프고 구토가 일어난다. 진정 정상 도전을 포기해야 하는가. 지금 내가 할 수 있는 게 무엇일까. 아픈 머리를 두 손으로 감싸 안고, 깊은 호흡만 할 뿐인가. 뒤 텐트에서 "아이고, 아이고" 하는 다른 대원의 신음이 들린다. 내 코가 석 자라 무심히 소리를 들을 뿐이다. 날이 밝기를 기다리면서 고통을 감싸 안고 명상에 든다.

고통을 품고 열망을 내려놓자. 정상 오름과 하산은 별로 중요하지 않다. 그것은 상황에 따라 다르기 때문이다. 지금 내가 할 일은 고통을 멈추는 것이다. 고산병은 치료약이 없다. 고통을 멈추기 위해선 정상 오름의 추구가 아니라 하산뿐이다. 하산하기 위해선, 먼저 야생마 같이 정상으로 달리는 열망을 멈추어야 한다.

정상에 오르는 방법만 배웠고, 그것도 과외수업까지 받았지 않았는가. 야생마의 엉덩이에 얼마나 많은 채찍질을 쳐 왔는가. 하지만 야생마를 멈추는 방법을 배운 기억이 나지 않는다. 한 번도 정상의 오름보다 하산의 내림이 중요하다고 생각해 본 적이 있었는가.

정상을 향하는 여덟 명의 대원들을 배웅도 하지 못하고, 깊은 호흡만 하다가 산 빛이 밝아지자 겨우 정신을 차리기 시작했다. 처진 사람은 네 명이었다. 밤새 신음하던 K가 말한다. "사는 게 죽는 것보다 고통스럽다는 것을 어제 밤에 처음 알았다." 그들도 나와 같은 고통의 밤을 지새웠다고 생각하니 마음이 시리다. 정상을 향한 마음을 바꾸니 설산이 새롭게 보이지만, 잃어버린 정상 성취감의 아쉬움은 어찌하란 말인가.

고원에 이름 모를 초록 풀들이 대지를 덮고, 어제 밤에 본 별 같은 야생화가 바람에 반짝거리고 있다. 밤에는 은하수의 별이 되었다가 낮에는 내려와 꽃이 된 것은 아닐까. 작고 맑은 야생화를 보기 위해 기꺼이 고개를 숙이는 것. 이것도 정상의 맛이 아닐까. 하산 길은 아름답지만 고개는 자꾸 뒤로 돌아 간다. 유혹하듯이 내려다보는 설산을 애달픈 눈빛으로 쳐다본다. 정상을 향해 올라가는 또 하나의 나를 두고 온 것같이 눈길이 떨어지지 않는다.

하얀 산

아침에 일어나서 밥 먹고 일하고 지친 몸을 잠자리에 눕힌다. 이런 메마르고 반복적인 생활로 인해 스트레스 받으면 소주 한 잔 걸치면서 얽힌 실타래를 풀어본다. 잠을 자야 하는데, 의식은 다람쥐 쳇바퀴 돌듯 생각을 뒤따르고 잠은 오지 않는다. 이런 때에 산꾼은 하얀 산으로 향한다.

병아리는 알을 죽여야 세상에 나오고, 산꾼은 무엇을 죽여야 하얀 산에 다다를 수 있을까? 고산高山 속에 있는 하얀 산을 바라본다. 구름을 뚫은 하얀 산은 다른 산과 비교할 수 없을 정도로 당당하다. 그것은 차라리 외경의 대상이다. 눈으로 보는 것만으로 얽힌 마음이 풀리는 것 같고, 알을 깨고 나온 병아리같이 새로움에 몸이 떨린다. 하얀 산은 산꾼의 이상향이고 새로움이다.

고산에는 하얀 산도 있지만, 밤의 어둠처럼 고산병이 깔려 있다. 문제는 하얀 산에 가기 위해선 반드시 고산을 거쳐야 하기 때문에 고산병을 감수해야 한다는 것이다. 고산에 간다고 모두 하얀 산에 갈 수 있는 것도 아니지만, 고산병에 모두 걸리는 것도 아니다. 고산병은 산소가 부족하면 나타나는 고소 증세며, 고도를 낮추면 증세는 금방 사라진다. 그런데 고산병을 실재로 당해 본 사람은 말만 들어도 공포감이 일어날 정도로 고산을 두려워하고, 간혹 폐수종에 걸려 죽음에 이르기도 한다. 더 안타까운 것은 걸리면 하얀 산의 오름을 포기해야 한다.

고산을 이해하고 대처하면 고산병은 두려움의 대상이 아니라, 뱃멀미 같은 증세이며, 배에서 내리면 금방 사라진다는 것을 알 수 있다. 삶도 이와 같지 않을까. 삶 자체가 괴로움이 아니라 괴로움을 내포하고 있고, 고통의 조건이 발생한다고 모두 고통을 받는 것은 아니다. 삶의 아픔도 붙잡지만 않는다면 그물에 걸리지 않는 바람같이 지나가지 않을까.

고산병이 생기면 고산에 있는 게 얼마나 괴로운지 모른다. 괴로우면 풍광의 즐김도, 하얀 산의 오름도, 기다려온 열망도 소용없다. 삶이 행복하지 못함은 기쁨과 즐거움이 적어서도 없어서도 아니다. 고통이 있기 때문이다. 아무리 작은 아픔이라도 발생하면 수많은 즐거움은 작은 촛불에 의해 방 안의 어둠이 사라지듯 없어진다. 삶도 즐거움을 추구하는 것보다 괴롭지 않게 사는 게 더 중요하지 않을까.

지난여름 중국 쓰구냥산(5,355m) 등반 때, 고산병 때문에 하얀 산 도전을 포기했다. 왜 고산병에 걸렸는지 곰곰이 생각해 본다. 베이스캠프까지 무리한 고도 올리기, 풍광에 매료되어 무리한 사진 찍기, 공기 밥 두 그릇의 과식, 일찍 수면, 비로 인해 텐트 문을 닫음 등 모두 무리하고 과도한 행위로 급격하게 산소 부족 현상이 생겼기 때문이다. 고산병의 원인은 일상의 습관적인 행위를 알아차리지 못한 어리석음 때문이라는 것을 알았다. 더군다나 미리 고도 훈련도 하지 않았고, 일정에 맞추기 위해 고소 적응기간도 두지 않았다.

고산병이 생기면 없애야 하는 이유는 하얀 산으로 가는 길을 막는 것보다 지금 괴롭기 때문이다. 고산병이 발생하면 치료할 수 있는 약은 없다. 내려가는 길 뿐이다. 고산병에 걸렸는데도 우리는 하얀 산을 향한 열망을 멈추지 않는다. 그 열망을 하산시키는 것이 하얀 산으로 들어가는 문을 여는 열쇠라는 것을 알아야 하는데.

하얀 산은 멀리 있는 게 아니고, 문은 항상 열려 있다. 하얀 산이 외경이고, 정상에만 있다면 특별한 사람만이 도달할 수 있을 것이다. 하얀 산은 별도로 어디 있는 게 아니다. 내가 마음의 문을 닫지 않는 한, 평지에 내려와도 하얀 산은 하얀 산이다. 열망을 내려놓는 것, 하산하는 것, 즉 일상 삶의 고통의 알이 깨어지는 그곳이 바로 하얀 산이 아닐까. 하얀 산에 가는 이유는 하얀 산이 되는 것이다.

산꾼이 산에 가는 것은 일상의 탈출을 하기 위해서 아니라, 배가 고프면 밥을 먹듯이 마음이 허기지면 산에서 양식을 구하는 것과 같다. 우리의 삶은 무미건조하고 반복적인 일상이지만, 하얀 산을 품은 산꾼은 그 속에서 새로움을 발견하는 눈을 가진다.

존재하는 것 중에서 일상이 아닌 게 있겠는가. 일상에서 행복을 찾지 못하면 어디서 행복을 찾는다 말인가.

고산에는 하얀 산을 품고 사는 장족이 있다. 태양과 친하고 하늘을 닮아 적당히 그을리고 맑은 얼굴을 가지고 있다. 고산은 자신의 집터고 일터다. 그곳에서 벗어날 수 없다. 그들은 고산의 기쁨과 아픔, 모든 것을 거부하지 않는다. 거부하지 않기에 속박당하지도 않는다. 오는 대로 받아들이고 하얀 산도 찾지 않는다. 하얀 산이 고산 속에 있기 때문이 아닐까.

|서평|

〈김병국의 수필 세계〉

철학적 사색과 구도자의 삶

이윤희(문학평론가)

짙고도 깊은 심연의 세계로 빠져들었다.
일상을 엿보았다기보다 질펀한 그의 철학에 발을 들여놓은 느낌이다.

Ⅰ. 들어가며

우리 사회는 인간의 충동을 조절하기 위해 많은 규범과 체제를 구성해 왔다. 규칙과 법규를 내세웠고, 이로써 갈등과 무질서를 해결하려 했다. 나아가 전통적 규범들을 집단의식으로 획일화하려는 노력들이 이루어졌다. 반면 사회적 시스템에 적응하려는 주체적인 움직임도 일었다. 즉, 욕망과 충동을 제어하려는 작업들이 진행되었는데, 그 대표적인 것이 바로 '예술적 승화'이다.

정신분석학의 아버지 프로이트는 인간은 누구나 문명 속에서 신경증 환자로 살아갈 수밖에 없다고 말했다. 사랑과 평화를 위한 구속에서 늘 자유로울 수 없다는 것이다. 그렇기에 인간은 문학, 음악, 미술 등의 예술을 통해 욕망을 분출하고 승화하는 데 많은 노력을 기울였다. 이러한 맥락으로 볼 때 예술이란 인간의 결핍된 욕망을 채워가는 과정으로 보인다.

그중 문학은 인간의 본능과 욕망을 탐구하여 감동과 깨달음을 주는 대중적인 예술이다. 언어라는 도구로 작가의 사상과 감정을 전달하는 데 매우 유용하기 때문이다. 게다가 비유와 상징 등의 기술로 마음을 고양시키는 것은 예술이 가진 가장 큰 힘이다. 특히 수필은 사실성과 진솔함을 담아 독자의 공감을 이끌어내기 쉬운 장르이다. 다만 전문성이나 형식적 제약이 적기 때문에 그 특수성을 인정받기가 매우 어렵다. 이에 잡문성이나 비전문성을 이유로 문학적 가치를 평가절하하는 측면도 적지 않다. 그도 그럴 것이 수필은 허구와 상상을 배제한다는 측면에서 소재나 주제가 제한적일 수 있다. 그러나 세상을 바라보는 날카로운 칼날과 공감의 울림을 가진다면, 그러한 편견도 문제될 것이 없다.

앞서 예술과 문학의 궁극적인 목적에 대해 피력했다. 자신의 욕망과 정체성에 대한 해답을 찾는 과정이라 할 수 있다. 일상적인 소재를 바탕으로 자신의 생각과 사상을 관철시키는 작업인 것이다. 이에 작품의 완성도는 작가의 끊임없는 고뇌와 노력으로 결정된다 해도 과언이 아니다. 세상에 대한 탐색과 자기 성찰은 문학적 가치를 높이는 최선의 방법이기 때문이다.

여기 세상과 소통하고 주체적 삶을 위해 고뇌하는 작가가 있다. 그는 철학적 사색과 구도자의 삶을 지향하는 작가 김병국으로, 이번에 첫 수필집 『용이 된 연어』를 출간하였다. '나는 누구인가, 왜 태어났는가, 행복이란 무엇인가' 등의 철학적 물음으로부터 고뇌, 수행, 깨달음에 이른 수년간의 사색과 노력의 결과물을 모았다. 자연, 인간, 사회를 접하면서 배우고 익혔던 인고의 과정을 고스란히 담아냈고, 이를 통해 삶의 이치를 통쾌하게 써 내려갔다. 이제, 독자들이 느끼고 생각하고 공감하는 일만이 남았다. 삶을 노래하고 구도자적 삶을 지향하는 그의 작품 세계로 들어가 보자.

Ⅱ. 펼치며

『용이 된 연어』는 내용의 유사성에 따라 총 네 개의 장 - 제1부 연어, 제2부 주인을 찾습니다, 제3부 노 프라블럼, 제4부 산에 왜 갈까 - 으로 나누어 묶었다. 필자는 작품 목차와 관계없이 철학적 주제를 새롭게 엮어, 새롭게 분류해 보았다. 『용이 된 연어』는 깨달음에 이르는 4단계 - ①삶에 대한 사색과 인식, ②고통의 원인과 구도자적 삶, ③행복을 위한 지혜와 사랑, ④깨달음의 이치와 실천하는 삶 - 를 인간, 자연, 철학 등의 소재로 응축시켰다. 작품 절차에서 느껴지는 철학적 색체가 매우 인상적인데, 그의 작품들을 읽노라면 마치 수행과 깨달음의 과정을 세세하게 옮겨놓은 것 같다.

본론 전개 과정은 깨달음에 이르는 4단계를 중심으로, 관련 작품들을 분석하는 데 초점을 두었다. 앞서 논의한 부분을 전제로 『용이 된 연어』를 평가한다면, 서사적 구조가 아닌 사색과 인식의 틀을 밝히는 데 의미가 있다. 사실적인 경험들을 소재로 쓰긴 했지만, 작품 전체적 맥락에서 살펴보면 상당수 철학과 사상에 기대고 있기 때문이다. 이에 『용이 된 연어』는 필히 눈과 입이 아닌 머리와 가슴으로 읽어주기를 권하고 싶다.

1. 삶에 대한 사색과 인식

왜 태어났을까. 인간이 세상에 묻는 최초의 물음일 것이다. 종교적인 의미의 해석이라면, 수많은 인연이 빚어낸 결과물이고, 신의 기대에 부흥하기 위한 것이다. 반면 과학적인 해석이라면 남성과 여성의 생물학적 교류를 통해 잉태된 것이라 볼 수 있다. 그러나 쉽게 해결날 것 같았던 존재의 물음은 꼬리를 물고 스스로를 또 고민하게 만든다. 그렇다면 왜 사는가.

'왜 사느냐' 그것엔 답이 없을지도 모릅니다. 하지만 나는 답을 찾으려 끝없이 길 위로 나섭니다. 어쩌면 내가 찾으려고 한 답이 당신이 만나지 못한, 하늘같은 푸른 눈동자를 하고 시리도록 맑은 마음을 가진 그 아이가 아닌지요. 그를 만나기 위해 오늘도 산행을 하지 않았나 싶습니다. 당신이 만나지 못했듯이 저도 만나지 못할 것이라는 것을 뻔히 알면서도 배낭을 챙기는 것은 무엇 때문일까요. 어쩌면 그런 게 사는 의미가 아닌지요.

- 〈푸른 눈 아이〉, 결말 부분 -

인간이 살아가기 위해서는 누구나 목적성을 갖기 마련이지만, 절대적이고 보편적인 해답은 없다. 각자만의 요구와 만족감은 다르고, 이를 성취하기 위해 수단과 방식을 달리한다. 그렇기에 '왜 사느냐'라는 물음은 자기 자신을 향해 되묻는 돌림노래나 다름없다. 그렇다면 우리는 왜 삶의 노래를 반복해서 부르는가. 이는 무기력한 삶을 제어하고, 죽음을 지연시키는 하나의 방어기제로 작용하기 때문이다.

삶의 목적을 찾기 위해 고뇌하지 않는 사람은 없다. 본능적인 욕구에 충실하다보면, 주어진 시간을 허비하며 살아가고 있는 건 아닌지 회의감이 밀려온다. 반면 삶의 의미를 대상이나 물질의 소비 양상에 두는 경우도 적지 않다. 그들에게는 '왜 사느냐'에 관한 물음이 때론 사치로 치부될 수 있다. '왜 사느냐고 물으면 죽지 못해 산다.'라는 말처럼, 부모건 신이건 그들의 사랑의 결실로 태어난 우리는 죽을 용기가 없어 생을 이어가고 있는 것이 사실이다. 여기서 무엇보다도 중요한 것은 삶의 목적에 대해 분명한 자기 해석이 필요하다는 것이다.

김병국은 삶의 의미를 찾기 위해 고뇌하고 사색한다. '왜 사느냐'는 물음에 연인, 이웃, 가족 등에서 그 이유를 찾는 것이 일반적이다. 그러나 그들은 나를 나일 수 있게 만들어주는 보완적인 역할을 해줄 뿐이다. 그렇다면 이름과 역할로 덧씌워진 우리들의 진짜 모습은 뭘까. 결국 인간의 깨달음은 내 안의 자신을 발견하는 것, 즉 '맑은 마음을 가진 아이'에게 자문을 구하는 데 있다. 〈푸른 눈 아이〉에서 작가는 '하늘같은 푸른 눈동자를 하고 시리도록 맑은 마음을 가진 그 아이를 만나기 위해 경건한 마음으로 산에 오른다'고 말한다. 만나지 못할 것을 알면서도 오르고 오르는 이유는 무엇일까. 결국 산행은 답을 찾기 위해서라기보다 스스로 깨닫기 위해서였다. 인생의 길을 제시해줄 누군가를 찾지 못할 걸 알면서도 수많은 산을 오르는 것은 수행을 통해 마음의 짐을 내려놓기 위해서일 것이다.

만리향의 작은 꽃을 발견하지 못하고 가는 이도 있고, 발견한 사람은 향기에 비해 초라한 작은 꽃에 놀란다. 무관심한 이들은 골목길을 겨울 칼바람같이 빠져 나간다. 바삐 사라지는 그는 어디로 갈까? 어차피 사라질 텐데. 그렇게 서둘러 사라지려고 하는가. 여기에 향기가 있는데. 이 향기의 놓침은 순간의 놓침이 아니라 영원한 놓침인데, 안타까움이 절로 일어난다. 아파트와 자동차는 가질 수 있지만 향기는 소유할 수 없다. 바로 지금 이 순간 느껴야 하는데, 행복도 이와 같지 않을까.

- 〈만리향〉의 전개 부분 -

왜 자연이어야만 할까. 인간은 태초에 자연으로부터 생성된 존재다. 게다가 순환 구조에 늘 한결같은 자태를 뽐내는 자연 원리에서 우리는 삶의 지혜를 배울 수 있다. 그런 의미에서 작가는 고독한 철학자이자, 자연인, 수행자가 된다. 인간 윤리나 도덕의 잣대에서 삶의 이치를 찾기보다 자연의 가르침에 귀 기울이기 때문이다.

자연은 늘 평정한 상태로 생멸의 과정을 반복하며 살아간다. 어쩜 이러한 과정은 인간이 살아가는 방식과 매우 흡사하다. 단지 자연은 생존의 이치를 수용하며 사는 반면, 인간은 더 많은 욕심을 위해 이를 외면하고 깨뜨릴 뿐이다. 작가는 〈만리향〉에서 현대인이 바쁜 일상에서 소중한 순간을 놓치고 사는 것은 아닌지 안타까워하고 있다. 과연 반복된 일상을 더 행복하게 살아가기 위해서는 무엇이 필요할까. 이러한 물음의 대답은 곧 자연의 가르침이기도 하다.

2. 고통의 원인과 구도자적 삶

삶은 고통이다. 사랑하는 사람과 헤어지는 고통, 구해도 얻어지지 않는 고통, 악연에 괴로워하는 고통. 물론 사랑하면서 즐거워하고 성취하면서 만족감을 느끼며, 이웃과 우정을 나누며 행복함을 느낀다. 그러나 욕심과 집착이 결부되면, 결국 이 모든 것은 고통을 낳는 원인이 된다. 쇼펜하우어, 니체, 부처 등과 같은 철학자들이 '삶은 곧 고통'이라 말한 이유도 여기에 있다. 그렇다면 인간은 영원히 고통 속에서 벗어날 수 없는 것인가.

> 산의 길은 산에 있고, 도시의 길은 도시에 있다. 잃어버린 길을 그 길 위에서 다시 찾아야 하고, 어둠을 헤쳐 나가는 길은 어둠 속에 찾아야 하듯이 문제가 생긴 곳에 답이 있다.
>
> - 〈변호사〉, 전개 부분 -

질문에 답이 있다. 학창 시절, 귀에 못이 박히도록 듣던 말이다. 그때는 그 말의 의미를 알지 못했다. '답을 구하라 해놓고, 질문에 답이 있다니' 하며 코웃음을 쳤던 것으로 기억한다. 이 말은 출제자의 의도를 잘 이해하고 분석한다면 쉽게 찾을 수 있다는 말이다. 삶도 이와 같을 수만 있다면 얼마나 좋을까. 예측과 의도를 분석할 수만 있다면, 불안에서부터 벗어날 수 있을 텐데 말이다.

〈변호사〉는 사기를 당한 사실에 분노했던 자신을 반성하는 것에서 시작한다. 고통의 근본 문제는 바로 자신에게서 비롯된다는 것이다. 고통에 휘둘리지 않고 평상심을 찾는 변호사를 통해 위기를 대처하는 올바른 자세를 새삼 깨닫게 된다. 어려운 난관에 부딪힐 때도 온전히 그 감정에 휩쓸리지 않는 자세가 중요하다는 것이다. 고통스런 감정에 집착하기 때문에 주체를 상실하거나, 문제의 원인을 타자로 돌리려 한다. 따라서 고통에 대처하기 위해서는 감정에 집착하는 것이 아닌 갈등의 원인을 문제 삼아야 한다.

> 언 땅에서 겨울을 버티게 하는 생명의 원동력은 무엇인가. 봄을 기다리는 희망일까. 지난겨울에 겪은 혹독한 체험에서 일어나는 확신일까.
>
> - 〈지난겨울〉, 전개 부분 -

김병국은 생명의 원천적 작용을 희망이나 혹독한 체험에서 비롯된다고 보았다. 다시 살아갈 수 있다는 희망이 없는 한, 인간은 쉽게 포기하거나 좌절하고 만다. 내일이 있어야 오늘을 살 것이지만, 희망만으로는 쉽게 무너지기 쉽다. 내일을 고대하고 바라는 것만으로는 세상의 온갖 풍파를 이겨낼 수 없다. 지난겨울의 혹독한 체험-고난, 인고, 반성, 깨달음-만이 내일을 꿈꾸고, 오늘을 버티게 하는 힘이다. 미래를 위한 확신은 체험을 통해 일군 밭에, 희망이라는 비료의 양분이 있을 때만이 이루어지는 것이다.

> 무리지어 있는 소나무보다 난 홀로 서 있는 소나무를 좋아한다. 그 중에서도 절벽에 붙어 칼바람에도 의연한 소나무를 좋아한다. 위험을 안고 낭떠러지에 붙어서 마치 암벽 타는 클라이머같이 모험과 도전을 즐길 수 있는 것은 늘 푸름 때문이다. 나도 그것과 같이 스스로 고통을 안고 삶의 낭떠러지에서 버틸 수 있으면 좋겠다.
>
> - 〈설해목〉, 결말 부분 -

작가는 사색과 도전을 즐기는 사람이다. 일반적으로 소나무의

푸르름에 매혹되기 십상이지만, 소나무의 고독과 사색의 아름다움에 감탄하고 있다. 게다가 소나무의 의연함에 매혹되는 것으로 볼 때, 모험과 도전을 즐긴다는 것을 알 수 있다. 낭떠러지에 아슬아슬하게 버티고 있는 소나무의 모습은 수련자의 삶과 닮지 않았는가. 그가 안일함과 편리함을 벗어던지고 개척의 길에 자신의 몸을 던진 이유는 뭘까. 심연의 소리에 귀를 기울이고 갈등과 번뇌에 겁먹지 않은 이유는 성숙과 발전을 위해서이다.

더욱 인상적인 것은 〈설해목〉에서 '푸르름'의 상징적인 의미를 새롭게 해석한 부분이다. '꺾이지 않는 의지'는 '절개를 지킨 선비'와 결부시키는 것이 일반적이다. 〈설해목〉에서는 푸르름을 지키기 위해 고통을 인내하며, 깨달음을 얻기 위해 노력하는 수도승의 모습에 가깝다. 보편적 가치나 이상향을 제시하기보다 자신의 삶과 결부시켜 생각해 보았다는 점에서 구도자적 삶의 태도를 지향하고 있는 것이다. 안정적인 삶을 추구하는 현대인의 태도를 미루어볼 때, 작가 김병국은 성숙한 성인의 모습을 갖춰가기 위해 끊임없이 노력하는 수행자나 다름없다.

3. 행복을 위한 지혜와 사랑

예술은 보이지 않는 것을 가시화하는 작업이다. 외면했던 대상에 관심을 갖고, 은폐된 사실을 밝히는 과정이다. 앞서 논의한 결과대로라면 승화의 메커니즘을 통해 갈등과 죽음의 그림자들을 드러낸다. 또한 사랑을 향한 끊임없는 열정과 구원의 노래는 예술이 지향하는 바이다. 결국 이 모든 과정은 우리의 삶을 더욱 윤택하게 하며, 고난을 헤쳐 나가는 데 용기와 지혜가 된다.

> 사실적으로 있든 없든 관계없다. 마음에 와 닿으면 있는 것으로, 닿지 않으면 없는 것이 된다. 나와 달개비는 원래부터 그 자리에 있었지만, 눈으로 아무리 수만 번 보아도 볼 수 없었던 것은 마음으로 품지 않았기 때문이다. 달개비를 보는 순간 난 살아 있음을 느끼고, 나에게 보여주는 순간 또한 그것은 살아 있게 된다.
>
> - 〈달개비〉, 결말 부분 -

작가는 이와 같은 목적에 부합하는 작품들을 다수 발표했는데, 그 중 〈달개비〉가 대표적이다. 존재에 대해 애정을 가지고 그동안에 몰랐던 가치와 생동감을 느낀다. 또한 그에 대한 감정과 애정을 느끼면서 자신이 살아있는 존재임을 확인한다. 소소하게 지나치는 작은 사물에도 의미와 가치가 있다. 필자는 김춘수의 시 〈꽃〉에서 "내가 그의 이름을 불러주었을 때, 그는 나에게로 와서 꽃이 되었다."라는 문맥이 떠올랐다. 대상에 의미를 부여할 때만이 나만의 존재가 된다. 존재는 언제나 관계를 통해 구성되며, 인식의 창을 열 때만이 특별함으로 남는다.

> 꿈은 일탈이나 마찬가지다. 꿈을 잃은 사람들은 새로운 시간들을 잃고 권태에 빠져버린다. 꿈은 달성하는 데 목적이 있는 게 아니라 지금 이 순

간 살아가야 할 새로움이다. 꿈을 손질하는 이상 순간순간 의미 있는 오늘이 될 것이 분명하다.

- 〈약속이 깨어지면서〉, 결말 부분 -

'최고보다 최선을 다하자'란 말이 있다. 결과론적 측면보다는 과정에 중심을 두라는 말로 해석할 수 있다. 사회가 점점 성과에만 집착한 나머지, 배려보다는 경쟁을, 내용보다는 껍데기를 치중하게 되었다. 오늘은 과거로부터, 내일은 오늘로부터 비롯된다는 불교적 시각을 반영하여 생각한다면, 성과주의적 삶이 얼마나 안일한 것인지 알 수 있다. 즉 현재를 보지 못한다는 것은 주변을 다스리지 못하는 것이고, 미래에 집착한다는 것은 경쟁에만 몰두한다는 말이다. 타인과 비교하고, 경쟁구도에 휩쓸리다 보면 온전한 자기를 돌아볼 수 없는 법이지만, 현실에 충실한 삶을 살다보면 행복한 미래를 꿈꿀 수 있다.

작가가 말하는 '꿈은 일탈이나 마찬가지다'라는 말에는 다양한 의미가 담겨 있다. '머물러 있거나 고립되지 않음'을 의미하고, '결과가 아닌 과정, 권태가 아닌 새로움'을 상징한다. 인간의 욕망이란 '결핍을 메우는 과정'으로, 자신의 주어진 상황을 인지하는 것에서부터 시작한다. 단지 대상 자체를 탐하려 하거나 많은 것을 채우려고 한다면, 그것으로부터 자유로울 수 없다. 결국 꿈이란 현실에 안주하는 것이 아니라 '오늘의 나'가 '어제의 나'를 뛰어넘는 것에서 시작한다. 성과나 권력, 지위를 목표로 하는 것이 아닌

개혁과 쇄신을 통해 발전하기 위한 것이다.

> 사랑은 바위같이 목숨을 거는 거다. 사랑은 자유로운 먹구름, 그리움을 품고 기다리면 비를 타고 내려올지 모른다.
>
> -〈萬魚〉, 결말 부분-

사랑은 만물의 씨앗이다. 모든 존재는 사랑으로 비롯되며, 인간은 인정과 위로를 받으며 살아간다. 반면 사랑은 늘 결핍의 상태로 남아 외로움과 아쉬움으로 몸부림치게 만든다. 채워질 수 없는 사랑의 결핍은 인간을 더욱 고독하게 한다. 결국엔 인간은 사랑을 얻기 위해 살아갈 수밖에 없고, 이러한 사랑은 고통과 고뇌를 동반할 수밖에 없다. 그의 작품 〈목 없는 은빛누드〉를 통해서도 이와 같은 의미들을 찾을 수 있다. 조각공원에 눈길을 끄는 여성의 전신 누드를 보며 고향으로 돌아가고 싶은 욕구가 일어난다. 그것은 어머니와의 완연한 일체감을 느꼈을 때로, 전지전능함을 만끽했을 엄마의 신체로 돌아가고 싶은 인간 본연의 충동으로 해석할 수 있다.

〈萬魚〉는 다른 차원의 사랑이다. 사랑을 위하여 목숨을 걸고 뭍으로 올라온 물고기의 사랑 이야기로, 왕자를 사랑한 인어공주처럼 엄청난 기회비용을 걸고서라도 획득하고 싶은 그 무엇이다. 규제를 넘고, 자신을 희생하면서 이룬 사랑은 더 없이 귀중하고 값진 법이다. 작가는 진정한 사랑은 자신을 갈고 닦아야만 이룰 수 있는 것이며, 갈증과 인내를 감수해야만 얻을 수 있음을 강조한다.

4. 깨달음의 이치와 실천하는 삶

구조주의자는 인간을 개인적 차원이 아닌 사회의 관계망 속에 위치시킨다. 인간의 선택은 사회의 구조나 질서 안에서 만들어진다는 말이다. 인간의 모든 선택은 온전히 자유로운 것일 수 없다. 타인의 인정을 위해, 사회의 구조망 안에서 구성해 간다. 따라서 인간은 언제나 홀로일 수 없으며 운명 앞에서 선택의 자유는 없다. 진정 인간은 선택의 자유로움을 누릴 수 없는 걸까. 모든 것에서 자유로울 수 없는 구속된 존재로 살아가는 것이 인간의 운명이라면, 속박되지 않은 마음을 가질 수는 없는가.

> 인간뿐만 아니라 어떤 것이라도 반드시 관계 속에서 존재를 이어간다. 외로움도 홀로에서 일어나는 게 아니라 함께 속에서 생긴다. 자유도 홀로 자유란 있을 수 없다. 구속이 있고 거기서 벗어나려는 몸부림에서 생기지 않을까. 하고 싶은 것을 마음대로 하는 것은 욕구의 충족이지 진정한 자유가 아니다. 하고 싶은 것을 하지 않아도 속박되지 않는 마음, 그게 진정한 자유가 아닐까.
>
> - 〈방패연〉, 결말 부분 -

작가는 구조주의적 시각을 뛰어 넘어 인간의 정신세계를 보다 심층적으로 바라본다. 그의 작품을 불교적 시선으로 분석할 수 있는 것이다. 모든 것에서 자유로울 수 있다는 것은 편견과 아집을 버렸을 때만 가능하다. 대상과의 관계에 집착하지 않고, '나'란 존재를 내려놓는 데 의미가 있다. 그것은 대상과 관계에 집착하지 않는 상태, 즉 제행무상諸行無常과 제법무아諸法無我의 삼법인의 가르침을 따르는 것이다. '세상은 언제나 변하고, 고정된 실체가 없다'는 것은 '영원한 것도 내 것도 없다'는 말이다.

〈방패연〉에서 '하고 싶은 것을 하지 않아도 속박되지 않는 마음'은 곧 내 것이라는 욕심을 버리는 것이 되고, 이는 '가지지 않는 것의 행복함'이 된다. 무소유의 행복, 즉 생존을 위한 최소한의 소유만 인정하고, 세상을 있는 사실 그대로 받아들이겠다는 의미이다. 그러나 이는 운명 결정론자들의 수동적인 태도와 다른 차원이다. 외부적 압박에 따르는 것이 아니라 주체적으로 수용하여 이끌어 간다는 의미로 해석할 수 있다. 다음과 같은 주제와 부합하는 작품 〈길고양이〉를 보자. 야생성이라는 자연의 법칙에 따르는 고양이의 모습에서, 독립과 자유의 표상인 종이박스 줍는 할머니의 모습에서, 진정으로 걸릴 것 없는 자유를 찾는다.

김병국의 작품집에는 유독 산과 관련된 글이 많다. 산에 오르는 것을 취미로 여기는 탓도 있겠지만, 산을 감정 정화의 매개로 사용하고 있음은 눈치챌 수 있다. 아름다운 풍경을 위한 단순한 목적이 아닐 것이 분명하다. 어쩜 세상에 대한 번뇌를 풀기 위해 육체를 괴롭히는 것은 아닌지. 그의 '산행'은 육체적 수행을 통해 맑은 정신을 일깨우려는 수행자의 마음에서 비롯된 것이다.

> 그들은 고산의 기쁨과 아픔, 모든 것을 거부하지 않는다. 거부하지 않기에 속박당하지도 않는다. 오는 대로 받아들이고 하얀 산도 찾지 않는다. 하얀 산이 고산 속에 있기 때문이 아닐까.
>
> - 〈하얀 산〉, 결말 부분 -

〈하얀 산〉은 고산을 오르면서 느꼈을 마음을 서술한 작품이다. 고산병은 죽음의 문턱에서 느꼈을 법한 신체적 고통을 발생시킨다. 찬란함을 기대했을 산행에서 죽음의 그림자를 목격하다니 정말 아이러니 하다. 작가는 어둠에서 빛을 고통에서 행복을 찾았다고 말한다. 삶에 있어서 즐거움을 추구하기보다 괴롭지 않게 사는 것에 더 의미를 두는 것이다. 삶의 의지는 죽음을 향한 길을 지연시키고 방해한다. 이때, 쓰러진 심신을 일으켜 세우며 속삭인다. 그래도 살아봄직 하지 않는가.

산을 소재로 한 그의 몇몇 작품을 소개하려 한다. 먼저 〈쓰구낭산〉이다. 작가는 야생마 같이 달려가는 열망을 멈추고, 하산할 것을 권한다. 무한 경쟁에 빠져있는 현대인에게 깨달음을 제시하는 작품이다. 또 〈신기루〉에서는 산행이 단지 정복하는 것에 있지 않고, 자신의 갈망을 버리는 것에 있음을 강조한다. 멈출 줄 모르는 욕망을 따라 가는 것보다는 조용히 내려놓는 데에 행복이 있다는 것이다.

봉오리가 높이 솟아 있는 의미와 강물이 낮은 곳을 흐르는 이유를 안다면, 오르려고만 하지 않았을 텐데. 그러면 추하게 늙어지지 않을 텐데.

- 〈쉰〉, 결말 부분 -

각자의 존재가 만들어지는 데에는 그만한 이유가 있다. 이치를 깨닫고 생의 의미를 발견하는 것이 올바른 자세가 아닌가. 과유불급의 이치를 안으로 되새기며. 마음의 평화는 곧 주어진 그릇에 불평하지 않음으로 시작된다는 사실을 명시해야 한다.

〈쉰〉은 인간의 근시안적 세계관을 비판하는 작품이다. 끝이 보이지 않는 욕망에는 브레이크가 보이지 않는다. 정상을 향해 치열하게 달려가고 풍족함을 위해 인간성을 상실해 가는 모습에서 반성의 목소리를 높인다. 작가는 편리함과 안락함을 위해 발전과 변화를 모색했지만, 정작 풍족함이 인간의 삶을 더 치열하게 만드는 것은 아닌지 되묻는다.

Ⅲ. 나오며

나는 『용이 된 연어』를 분석하기 위해 깨달음에 이르는 4단계의 기준을 마련했다. 작가는 이것 외에도 다양한 주제들을 선보이고 있는데, 대표적인 것이 바로 자기 정체성 문제이다. 먼저 〈가장 소중한 것〉와 〈주인을 찾습니다〉, 〈내 안의 매미 한 마리〉

에서는 자기 분석 과정이 꼭 필요함을 주제의식으로 담았다. 또 〈지하철 문고〉과 〈잃어버린 안경〉은 성숙과 인고, 소통에 관한 다양한 생각들을 포함한 작품이다.

이러한 작품들은 앎과 삶의 연계적 측면에서 공통점을 찾을 수 있다. 앎은 실천이 동반될 때 더 아름답고, 지식의 습득 이외의 체험과 참여라는 능동적인 활동이 전제되어야만 한다. 수필의 특성을 고려해보더라도 앎은 쉽게 획득할 수 없는 부분이다. 따라서 진리와 이치에 관해 끊임없이 질문하고, 그 해답을 찾기 위해 참여하고 수행해야 한다.

김병국은 삶을 노래하는 방식이 여타의 문학인들과는 사뭇 다르다. 수필은 소재나 주제 선별에 있어서 외부적 관심이 매우 클 수밖에 없다. 자신의 경험에서 소재를 찾고, 감정과 생각을 다듬어 내는 것이 대부분이기 때문이다. 그러나 그는 내면의 울림에 더 민감하다. 내 안의 갈등과 번뇌를 해결해 나가는 데에 초점이 있고, 이를 따라가는 과정에서 대상과 세계를 만난다. 작품 서두에 남긴 필자의 두 줄 감상평도 이와 같은 맥락에서 이해할 수 있다.

필자는 『용이 된 연어』를 읽으면서 나와 세상에 쉴 새 없이 질문하고 답을 구하려 했다. 정답이 없음을 잘 알면서도 묻고 또 묻는 이유는 뭘까. 그것은 번뇌와 갈등이라는 딜레마에 빠져 허우적대지 않기 위해서이다. 일상적 반복에서 오는 권태를 극복하기 위해서는 삶의 의지와 열정을 불태워야만 한다. 나아가 철학과 인식의 틀을 갖추기 위해서는 사색과 탐색을 게을리 해서는 안 된다. 한 번뿐인 인생을 더 가볍고 자유롭게 살기 위해서이다. 그렇기에 작가는 물음을 던지고 해답을 구하는 일을 반복할 수밖에 없다.

김병국은 세상을 미화시키지도, 고통을 외면하지도 않는다. 아름다움에 이끌려가기 보다, 고통과 갈등에 맞서 싸운다. 그의 이러한 당당함과 패기는 작품 전체를 이루는 가장 큰 힘이다. 『용이 된 연어』를 한마디로 표현해 보자면, '방황하는 젊은이, 행복의 진짜 의미를 찾고 싶은 모든 분들에게 권하고 싶은 책'이다. 또한 철학자로서의 삶이 궁금하다면, 수도자의 삶에 동참하고 싶다면, 이 책을 꼭 읽어보길 바란다.

김병국 수필집
용이 된 연어

인쇄일: 2017년 6월 25일
발행일: 2017년 6월 30일

지은이: 김병국
펴낸이: 최경식
펴낸곳: 도서출판 청옥문학사
인쇄처: 세종문화사

등록번호 제10-11-05호
E-mail: sik620@hanmail.net
전화: 051-517-6068

값 10,000원

ISBN 978-89-97805-59-4 03810

이 도서의 국립중앙도서관 출판예정도서목록(cip)은 서지정보유통지원시스템 홈페이지(http://seoji.nl.go.kr)와 국가자료공동목록시스템(http://www.nl.go.kr/kolisnet)에서 이용하실 수 있습니다.(cip2017015159)

본 도서는 2017년 부산광역시, 부산문화재단 지역문화예술특성화지원사업으로 지원을 받았습니다.